夜話 かりこぼう

米良風土記 1

中武　雅周 著

みやざき文庫 123

はじめに

日向の山奥に、米良《めら》という小さな村があります。米良村は、九州山脈の真只中《まっただなか》にある由緒《ゆいしょ》のふかい歴史を持った村です。

その昔、肥後の菊池氏は、勢力《せいりょく》を失って米良山に入山して、米良氏を名のって一族とともに不自由な生活を送ってきました。一族住民は、木を切り家をたて、焼き畑をこしらえて食糧《しょくりょう》をつくっていました。

新しい時代になって、米良山にも仕事がだんだん多くなってきました。明治・大正から昭和のはじめにかけては、山仕事をするたくさんの人たちが暮らしていたのです。そんな人や村人の間に語られた話の中で、「かりこぼう」のはなしがあります。

「かりこぼう」というのは、いったいなんでしょう。米良山では、別のよびかたで「せこ」ともいいます。「かりこぼう」にしても「せこ」にしても、これは米良山で呼《よ》んでいるよびかたなのです。「かりこぼう」の「かりこ」とは「狩子」のことで、猟の組をつくるときには、えものを狩り出して追う仕事をする人が、必ずいなくてはいけないのです。その役目を持った人を「かりこ」と言い、またのなを「せこ」というのです。「せこ」は「勢子」と書きます。「かりこ」にしても、「せこ」にしても、猟をするときのことばからうまれたのです。

かりこぼうは、とりわけ山の人たちにとっては、信仰《しんこう》にも等しい山の神様として恐《おそ》れられながらも、ときには親しい自然のアイドルでもあったのです。米良山では、昔から春の彼岸《ひがん》から秋の彼岸にかけては水の中に住み、秋の彼岸から春の彼岸にかけては山に住むと言い、水に住むときを「がっぱ」と言い、人々の間では時としてこれを「水神」と言って大事に祭って来ました。「がっぱ」は「かっぱ」とか「ひょうすんぼう」などとも言っております。あるところでは「がわたろう」、つまり河太郎といって、河に住んでいるもののなかで一番の大将で、知恵《ちえ》も力もあることになっています。

山に住むときは「かりこぼう」とか「かりこぼうず」、あるいは「せこ」といっておりましたが、米良ではもう一つの呼びかたがありました。「やまんたろう」と言っていました。つまりそれは「山の太郎」ということで、山では一番の大将であることをいいあらわしたのです。ですから、河では「がわたろ」、山では「やまんたろ」と、それぞれ川と山の一番の御大将として呼んできたのです。

◆

米良山では、山で働《はたら》く人たちが自然に感謝《かんしゃ》して、自然のおきてをまもり自然を大切にしてくらしをまもってきました。木を切るときにも、山の神様におゆるしをえたり、また、けがのないように守っていただくために、願をかけて仕事をしてきました。焼《や》き畑を焼くときも、そのなかに住んでいる生き物は逃げるように言いわたし、山の神様には火事にならぬようにお守りください、と願いをかけてから火をつけました。

　米良山のような山深いところでは、一木一草にいたるまで、神からいただいた宝ものとして大事にしてきました。また、山に住む動物は神からあずかった大事な生き物で、木や草と一緒に山の幸《さち》として神に感謝しながら、これを上手に大切に使ってきました。

◆

　かりこぼうずやがっぱの話はたくさんあります。ここにまとめた話は実際《じっさい》に経験した人たちの話をつづったものです。このなかには、じいさん、ひいじいさん、そのまた前の時代の人たちから、聞いて伝えられたものもあります。

　こんな話は、よその土地にもたくさんあるそうですが、山に生まれそして山に育った者にとっては、その土地の成り立ちを知る生活の歴史として、おごそかに面白く語り伝えたいものです。

米良山の住人　中武　雅周

かりこぼう七変化

著者原画

目次

はじめに——2
石内谷のかりこぼう——12
度胸《どきょう》があるど——22
くさいふろ——32
少年びっくり——38
ものまね先生——46
馬も立往生——52
狭上峠のおとも——58
かなやまのかりこぼう——66
おおにんずうじやった——78
ガッパと行者——84
ガッパもさるもの——94
水神の魚とり——100

ガッパのお礼――106
曲《めぐ》り淵水神《ぶちすいじん》――チヨの物語――112
がっぱの昼よこい――120
田掘《たほ》りじいどんとがっぱ――128
馬乗りがっぱ――134
がっぱのすもう――140
先生もう一人いたよ――146
蜜蜂《みつばち》そうどう――152
猫ならぬがっぱ――158
じっくり谷の目一つごろ――164
かりこぼう名勝地　170
方言録　172
あとがき――176

夜話　かりこぼう

石内谷のかりこぼう

十二月のある日の午後。

「よいっ、藤太《とうだ》おるかい。」

白黒まじりの手ぬぐいで、ほおかぶりをした蔵三《くらぞう》どんがひょっこりと藤太どんの家にやって来ました。大正時代の終わりごろというのだから、もう随《ずい》分《ぶん》昔のことです。

村所の中心鶴《つる》から米良川の下流にそって、ほぼ一キロメートルも行ったところに田無瀬《たむぜ》という集落《しゅうらく》があり、その川端に近いところに藤太どんの家があります。藤太どんは背丈《せたけ》も高く体付きも頑丈《がんじょう》で、力も強かったので、このかいわいでは藤太どんの右に出る者はおりませんでした。藤太どんは話し方は上品《じょうひん》ではないが、とんちの良さでは彼に優《まさ》るものは少なく、どんな難儀《なんぎ》なことでも笑顔《えがお》でちゃんと引き受けるほどの人でした。それに人一倍《いちばい》に正義感《せいぎかん》の強い人でもありました。

藤太どんは、誰《だれ》がきたのかと庭の方を見ました。そこへ、ぬーっと顔を出したのは蔵三どんでした。

「いよっ、なんごとかい、飲むにゃまだはえーが。」

藤太どんは、左手の手の平で鼻の頭を「ぐるぐる」となでながら、蔵三どんのいる縁先《えんさき》に出てきました。蔵三どんは、

「なんぶなんでも飲むにゃはえーわい。モマがおるっちゅうじゃねかい。」

「どけ?」［どこに］

「石内谷の上へんに、みゃあ晩《ばん》つうで［飛んで］来るげなが。」

蔵三どんは、つかつかと縁側《えんがわ》に腰を下《お》ろして、きせるに煙草《たばこ》をつめながら、

「晩になっと、モマん鳴《な》きごえがすっとじゃげなが。そりゅ聞いとると、えろうぎょうさんおるごたるちゅうもんじゃからよ。」

「だりがそげ言うたかい？」

「作一《さくいち》どんが、モマがえろう《〔多〕》おえーが、いたて《〔行って〕》みらんかちゅて孫平《まごへい》が聞いてきとったからよ。」

蔵三どんはこういって、煙草《たばこ》に火をつけました。

「ええ、そうじゃろかい。」

藤太どんも煙草に火をつけて、二人はしばらく語っていました。

「モマ汁《じる》でも食うか。」

藤太どんは、こういって立ち上がり、

「何時ごろ出ろかい。」

「ウン、晩飯《ばんめし》どん食うて外が暗《くろ》うなればうったとや《〔出発しよう〕》。そして上の谷でうち会おかい。」

と、二人は、モマうちの打合《うちあわ》せが終わりました。

晩飯をすませた藤太どんは、モマうちの支度《したく》にとりかかりました。川から

吹《ふ》き上げる風は冷《つめ》たくてえりもとがひんやりとします。防寒帽《ぼうかんぼう》をすっぽりとかぶって手ぬぐいで首をまいた藤太どんは、

「うへっ、冷《ひ》ゆるわい。」

と、ひとりごとを言いながら上の道まで登っていきました。

「よおーい。」

早く来ておったとみえて、藤太どんの姿《すがた》を見つけた蔵三どんが声をかけました。藤太どんは、

「もへ、来とったとか。えろ早《はよ》からくったたっちゃね。」

［もう］　　　　　　　　　［用意した］

二人は、横に並《なら》んで歩きはじめました。石内谷《いしうちだに》はここから川下に向けて、かれこれ二キロメートルはあります。月が出たのでしょう、二人の影《かげ》が前に突《つ》き出ています。

「八日、九日は萱刈《かやか》りじゃげなが。」

「祭りまじゃ、刈ろうかたんしとっとじゃが。」

［までには］　　［思っている］

話している間に二人は、石内谷橋の手前《てまえ》までやって来ました。ここから下は横野になります。

「来たど。どこかに登っとこがあっど?」

道おわで《[道の山手]》の山道の登《のぼ》り口《ぐち》を、さがしていた藤太どんは、

「ここここ、ここじゃもんな。」

蔵三どんが、先に山道を登りはじめました。

「ここん上に、ちょっとしたでら《[たいら(平)]》があるもん。そこへんでまっとればええ《[良い]》ふ《[ふう]》のもんじゃが。」

「ええデラが、あるにはあったが、そん横は杉ヤボ《[薮]》じゃが。」

藤太どんは、こう言いながら蔵三どんの後から登っていきます。さっきまで出ていた月が山かげにかくれたのでしょう、まわりが薄暗《うすぐら》くなってきました。上を見ると空ばかりが明るく見えます。

「ここじゃ。」

蔵三どんが立ち止まりました。ちょうど良《え》えかげんなデラが見つかったのです。周《まわ》りは静《しず》かで、物音《ものおと》一つしません。二人はてご《[てかご]》を下ろして、モマ撃《う》ちの用意にかかりました。二人が煙草《たばこ》を吸《す》っていると、

「こらっ、よい。来《く》っど来っど。ありゅ見や、モマじゃが。」

藤太どんは、早々と煙草の火をもみ消《け》して立ち上がりました。

「ぱさーっ、ぱさーっ」

と、モマが木に止まる音が、しずけさを破《やぶ》って聞こえてきます。ピカーッとモマの目が光って一匹、二匹といます。「キキーグルグル」と鳴いています。そのうちにまた次のモマの一団が、パサーッパサーッと二人の頭の上にかぶさるようにとんできました。木のうえをすかして見ると、モマの目がキラッキラッと光っています。

「よしっ、一発ぶっぱなせ。」

藤太どんが、鉄砲《てっぽう》の引金《ひきがね》を引きました。

「ズドーン」

静《しず》けさを破《やぶ》って、鉄砲の音があたり一面にひびきわたりました。そのとき、

「キリキリリーッ、キーキーキリキリッ」

二人のびんたにおおいかぶさるように、奇声《きせい》が起こりました。藤太どんも蔵三どんもひったまがって、両手でびんた《［頭］》をかかえてそこにつくなって《［座り込んで］》しまいました。二人のびんたの毛はシャーンと逆立《さかだ》ちして、たちまち大きな鍋《なべ》をびんたからすっぽりかぶったようでした。

「かりこぼうじゃが。」

藤太どんがとっさにおらびました。見れば蔵三どんも、びんたを抱《かか》えています。手をおろした蔵三どんは立ち上がって、鉄砲をかまえて一発いかけました。

「キーキーキリキリッ、キリキリリーッ」

またまたけたたましい奇妙《きみょう》な声が。とてもじゃないが居《い》ても立ってもおれたもんじゃない。きもをえぐられるような、気色《きしょく》の悪い奇妙な声です。そのうちに「パサーッ」という音とともに、何かが落ちてきました。

「モマじゃど。」

二人は、音がした方に寄《よ》ってきました。たしかにモマじゃったと思った二人は、モマをさがしはじめました。火を付けて見ると血が落ちています。だがさがしてもさがしても、モマは見あたりません。二人はそのへんを、あっちこっち這《は》いずりまわりました。蔵三どんは、谷まで下りて見ました。でも、なんぼ探《さが》してもモマはどこにもおりません。

「よーい、蔵三よ、こりゅみらんか。はよこけ来て。」

蔵三どんは藤太どんがゆびさしている杉の根元《ねもと》を見ました。そこには血が流れているだけで、モマはいません。二人はそこら一面をはいずり回ってモマをさがしました。だが、どこにもモマはおりません。藤太どんは、

「かりこぼーずどんのしわざじゃわい。」

「おりも［俺も］、そうじゃねかしらんたんしとった［思っていた］。」

「げどされが［けしからんやつ］。モマんおっとこば［いる所を］おっどめ［お前は］教《おし》えとって、撃《う》ちくりかやたとば取ってはっていかいたもんじゃ。」

と二人はあきれがおで、つら［顔］を見合わせました。

米良ん山では、こげなことはしょっちゅう話題《わだい》になったものです。かりこ

ぼうが猟《りょう》のじゃまをしたり、獲物《えもの》をば持っていったりして、いたずらをすることがありました。

「よーいっ、だめど、もう射《う》ち止《や》めてもどろや。」

「さればよう、だめじゃわい。」

二人は、さっさともどるかまえをしました。モマ汁《じる》どころか、藤太どんと蔵三どんはえもの無《な》しで、ほうほうのていでもどりました。

それからのち藤太どんは時どき目を細《ほそ》めて語りました。

「おりも、夜づき《「夜の魚突き」》や鉄砲うちにしょっちゅう行ったもんじゃったが、かりこぼうずにおっとられたた《「のは」》、あん時ばっかりじゃった。」

と、もうす、かっちん

キリキリ　グルグル
　もまが来た
一匹　二匹　三匹と
　音もたてずに　もうてきた
西のお山に　　月が出る
今夜も夕焼け　良い天気
たいくつたいくつ　かりこぼう
何かおもしれこと　ないかいな
ほんにあった　ええ事が
ほんに　あったあった　ええことが
もまおば　おどきゃあて　みろかいな

度胸《どきょう》があるど

◆

米良山のおくに、狩《か》りのじょうずな親子が住んでいました。この親子は、米良山のどんなところでも、知らんとこはないくらい、地形も動物が住んでいる所まで、ちゃんと知っとりました。

秋も終わりはじめ、ときどき雪まじりの雨がふりはじめる頃になっていたある日、この親子が狩りにでかけました。山深い米良の尾根《おね》から尾根を目当《めあ》てに歩くのが上手な山歩きでした。

二人は、猪《いのしし》を追《お》って山中《やまじゅう》を歩きまわりましたが、なかなか良いものを見つけることはできませんでした。あっちこっち歩きまくっとるうちに、山ん中で日がくれてしまいました。何にも獲《と》らんで家にもどるわけにゃいかんので、親子は山んなけ泊まりくうで［こんで］、狩りをつづけることにしたのです。

その晩は、尾根道《おねみち》のまんなかで少し平《たい》らなところに泊まることにしました。親子は、もって来たニク［カモシカ］の皮をきて寝ました。風があたらぬように、周《まわ》りに柴垣《しばがき》をつくって工面《くめん》良くあんべらしゅう［しっかりと］にしていました。

夜中になって、親子が寝ている尾根の下から「ガヤガヤ」と、だれか語りながらその尾根を登ってくるではありませんか。じゃがその親子は、何にも知らずにグウグウたかいびきで、寝ていました。

語りながら登ってきたのは、かりこぼうずの親子でした。そのうちにかりこぼうずの親子は、かりんど［狩人］親子が寝ているところまでやって来ました。

「おい、こらまたえれえとけ、ごっどま［これたち＝この人たち］寝とるじゃねかい。」

「ほんとしゃか。こんごら人間もあんまり見らざったが、ぼつぼつ猪とりが始まったからじゃろ。そってん、こん男どま見たことがねえもん。」

「おーお、そうじゃ。こんおやじん方はときどき見たど、なかなか腕《うで》ききど。」

かりこぼうずの親子は、たったまんまかりんど親子のつら《〔面〕》を、じーっとみとりました。いつもなら、音をたてたり「キリキリ」と声をだして、ひったまがらすっとじゃが、こんにゃ《〔今夜〕》のかりこぼうずは、いたっておとなしいかりこぼうずの親子で、それは珍しくほほえましいものでした。

「こんどま、こん向かえん猟師《りょうし》どむじゃ。」

「そうなあ、でんこっちんた？」

「こりゃむすこじゃろ。親子でございたもんじゃろ。」

かりんど親子は、気持ちよさそうに寝ていて、おやじんいびきんまたふてこと。

「おこそかい。」

かりこぼうずの子が親に言いました。

「んにゃ、ええが。そんままにしとけ。見てみよ、ちゃんと焼酎《しょうちゅう》まであげてくれとるじゃろが。」

いただくことにするかね。
酒

かりこぼうずの親は、かりんどが枕《まくら》んとけ置いた、とっくりをもちゃげて、にっこり笑いました。それは、かりんどの親がたしのうどった焼酎《しょうちゅう》だったのです。

「こん親子は、度胸《どきょう》があるわい。ちかごろん人間のわりにゃ、おてちいて珍しいわい。えれやつどむじゃ、こげん山《やま》ん中で。」

かりこぼうずの親は、子の方を向いて話しました。

「おい、またがっていくど。」

と、かりこぼうずの親が先にまたいで、かりんどの寝がおをのぞきながら、親子かりこぼうずは、尾根を登っていきました。

朝になって、目がさめたかりんどの親は、枕んとこにおいた焼酎《しょうちゅう》どっくりが無《な》いのに気がつきました。どうして無いのかさっぱり分かりません。なんぶ考えても、がてんがいきません。狐《きつね》にでもばかされたんかしらんと思って見ましたが、そうでもねえごたる。そのうちに、親がわかったとばかりにいいました。

「ややっ、やられたわい。こらじっしょ《[きっと]》セコんしわざじゃ。」

セコとは、かりこぼうずの別《べっ》の名でした。かりんどたちは、ホイホイといって尾根を登るかりこぼうずのことを、セコと呼んでいたからです。

「セコに、やられたっちゃね。」

子が、親んつらば見ながら笑い出しました。焼酎もまだ半分た言わんくらいあったとじゃからがっかりして、その日は鹿《しか》一頭かついでもどりました。

それからかりんど親子は、別の山の狩りを終わって、久々に山小屋に帰りました。狩りともだちが寄《よ》り集まった山では、あっちこっちでかりこぼうずの話がなんぶでも出ました。中でも風呂騒動《ふろそうどう》があった話があり、親子はそげなこともあっとじゃろと思うとりました。

つかれて帰ったかりんど親子が、山小屋で風呂《ふろ》をわかしながら晩飯《ばんめし》を食うておったところが、

「ギヤッ、ギヤッ」

と、とつぜん異様なさけびごえが風呂場の方からしました。かりんどの親子がびっくりして、

「何じゃろかい、あん声は。」

するとまた、

「ギャッ、ギャッ」

かりんどの親子は、風呂場ん方さね走りだしました。「キリキリーッ」と、奇妙《きみょう》なおらび声が風呂場から聞こえました。

「かりこぼうずじゃ。」

おやじがおらびながら、風呂場に来て見ますと、そこには風呂んふたもせんままにしてあり、だりもおりません。風呂ん下にゃ、まだ火がどんどん燃《も》えています。その横に風呂んふたがおいてあります。風呂ん湯はたぎっていて手もつけられません。

「こら、おまや、風呂んふたをかぶせとったかい？」

「んにゃ、おらわすれとったど。」

「そってじゃ。かりこぼうずが風呂にひゃろたんしとって、風呂んなけ手をつっくうで見たら、あちもんじゃから、あげおろだっ《[あんなに叫んだ]》ちゃもんね。」

見れば、そんまわりいっぺこっぺ、湯がまきちらきゃてありました。

「うーん、こら、かりこぼうずじゃわい。」

アチチチ
アチイ
エロー
タギッ
トル

「ああん、かりこぼうずな。」

「じゃもんね。どっかで、かりこぼうずに風呂《ふろ》に入《はい》られてもせわねえように、ふたをはずしたまま風呂《ふろ》をじゃんじゃんわかしとったら、それにひゃろうとしたかりこぼうずが、そん熱さにひったまがって『ギャーギャー』とおらんで逃げていったちゃげな。」

猟師《りょうし》親子は、こりが山で聞いた話じゃったわいとおもいました。それで、風呂炊《た》くときゃ、ちゃんとふたをしめて、沸かせと言われたものでしたから、子どものしつけなどに、「風呂を使わないときは、ちゃんとふたをせよ」とやかましく言われたのも、これがもとになったものです。

かりんどの親子は、夜中までかりこぼうずの話で楽しそうでした。

と、もうす、かっちん

秋の夕陽に　ついうとうとすれば
　昼のつかれにやましどん、
おおきな　木を切る夢を見た。
コットン　カッタン
いつの間にやら　ほんねむり。
とうとう　夕陽が　さようなら。
お山が　だんだん　暗くなり
空にはでたでたお月さん。
かりこぼうずのお通りだ。
見ればやましが　寝てござる
ちょっとおどかすのも　ぐらしいこっちゃ
「どういう　度胸のええもんか」
やましのねきによっちいて　つらばのぜえて
ひんまたぎ　かりこぼうずは　はっていた。

くさいふろ

米良山の秋もいよいよ終わりにちかづいて、美しい色のついた木の葉が、風に吹かれてパラパラと落ちはじめていました。夏から、木切《きき》りの山師《やまし》どんたちが五、六人で山小屋に泊《と》まり込《こ》んで仕事をしていました。

ある晩《ばん》のことでした。山師どんたちは、仕事のつかれでぐっすり寝こんでいました。真夜中《まよなか》になって、どうしたことか、ガタガタギシギシと小屋が音をたてて動きはじめたのです。

山師の一人助蔵が、日をさましました。

「なんじゃろかい。こら、こん音は。」

そんうちに、小屋がまた大きく音をたてて、動き始めました。助蔵は、地震《じしん》じゃとばっかり思いくうで、ひったまがってとび起《お》けました。なにしろ、あたりが暗《くら》いもんじゃから、何がなんやらさっぱりわかりませんでした。そのうちに、

「どろんどろん、ガタンガタン」
と、小屋がもうじきにでも打ち崩《くず》さるるような大音がしはじめたので、
「おーいおーい、はよ起きて見よ。」
となりの若者《わかもの》をつき起《お》こしました。ところが、今

までうなっておった音や家のゆれが、ピタッとやみました。

「おお、なんかい。どしたとかい。」

と、となりの若者が目をさまして起きてきました。助蔵は、

「いんままで、小屋がゆさぶれてどうにもこうにもならざったが。まちっ［もう少しで］とで小屋がいっくゆっとこ［壊れるところ］じゃったど。」

「うそじゃろが。なんのこたねえじゃねかい。」

「そりがおかしいとじゃ。おまえが目さみゃた［目をさました］ときから、うっ止《と》まったとじゃがね。」

そのうちに二人の声に目をさました連《つ》れの山師が、ごそごそと起きて二人のそばまで寄《よ》ってきました。皆が、耳をすましましたが何の音もしません。そこへんいっぱい何かが落《お》てたっちゃがと言って、皆に見てもろうたが何のこともないのです。起こされた山師どんたちは、ぶつぶつ言いながら蒲団《ふとん》にもぐりこみました。

明《あ》くる朝、みんながよべ［昨夜］のことを語ってみましたが、とんとだち［らち＝埒…区切り］があきませんでした。

その日の仕事も早《は》よすんで、若もんが晩飯《ばんめし》つくりと風呂たきにうったちました。ゆさり《［夕暮れ］》になってはやばやと、晩飯になりました。飯食いの途中《とちゅう》で、風呂かげんを見に行った者が、あわてまくってつう《［とんで］》できました。

「おーい、はよ来てみや。」

「なんしたとかい。」

「だりか、もう風呂にひゃ《［入］》ったかいね？」

「だりがひゃるもんか。親方もまだひゃられんとに。みんな飯食《く》うとるじゃねか。」

「そらそうじゃが、どしてもおかしいど、くそして《［くさくて］》。それに、べとんべとんしとっとよね。」

兄貴ぶんの山師が、走って行《い》たて、風呂んなかに手を入れてみました。

「ああん、こらなんか。べどべどして臭《くせ》じゃねか。」

「じゃろが。どしたっちゃろかい。」

山小屋の使い水は、谷の水を懸樋《かけひ》で引いて使うが、風呂水は半日がかりで貯《た》めて沸《わ》かしたもので、入られんごとなってえらいこつです。

「だりが、こげ汚《よご》らきゃたっちゃろかね。」

とうとう山師どんたちゃ、風呂に入ることもできませんでした。

明くる日、仕事にきた狩の上手な人に、よんべ《[昨夜]》のことを話しましたら、

「そら山神《やまがみ》じゃろ。かりこぼうずじゃが。」

「なんかの？　その山神とかかりこぼうずとか言うもんな。」

猟師《りょうし》の男は、かりこぼうずのことを話しはじめました。山師どんたちは、仕事をやめて猟師の周《まわ》りに集まりはじめました。猟師の男は、

「かりこぼうずは山神じゃ。春の彼岸《ひがん》から秋の彼岸まじゃ川ん中にすむ水神じゃ。そして今度は秋の彼岸から、明《あ》くる年の春の彼岸まじゃ山に住むと言われとるもので、そんときゃ山神ちゅうて昔から言うおらいたもんじゃった。山に働くもんはみんな、山で仕事をさせてもらいます、とことわり言うことじゃ。」

「そら、どげすればええどかいな。」

「小屋にもどったら、木戸口《きどぐち》や小屋の外まわりの四すみや水場に、塩や米と焼酎をあげて、『山の仕事を成就《じょうじゅ》させてください。ここに小屋をたてさせ

てください』と、ちゃんと人に話すように言いさいすれば、こりほど人の言うことば聞いてくれやるもんなおらんど。そして風呂んふたどま、風呂にいらんときゃ、ちゃんとしとくもんど、おまいどま。」

「そんならよんべの音は、山神じゃったっちゃろ。」

山師どんたちは、だまって煙草をすいながら聞いておりました。猟師《りょうし》どんは、

「かりこぼうずに、ことわりなしに通り路に小屋を建《た》つれば、時どきそげしていたずらをせらるとじゃ。」

山師どんたちゃ、ええことをおそえ《［教］》てもろうた、とよろくうで、猟師どんに言われたとおりにことわりを言い、ゆるしをうけました。その晩《ばん》から、なんのことも起こりませんでした。山師どんたちゃ、冬いっぱいで仕事を成就《じょうじゅ》してもどらいたちゅうことでした。

と、もうす、かっちん

少年びっくり

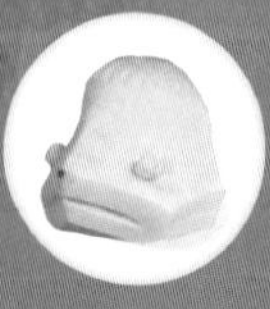

◆

昭和八年ごろだったろうか、村所の役場に十三歳の孝男《たかお》少年がつとめていました。少年は、村所小学校高等一年のなかごろから役場の試験にパスして小使《こづか》いさんになったのです。

少年は、はきはきした若者でしたので上役《うわやく》からもよくかわいがられました。やがて少年は、仕事にもなれて、時どき先輩に代《か》わって宿直《しゅくちょく》をつとめるまでになりました。

ある晩のことでした。もう十一月ですので鶴村《つるむら》の公会堂では、神楽《かぐら》のけいこが始まっていました。十二月になると上米良・横野・村所・狭上《さえ》・竹原・板谷と神社のお祭りの神楽奉納《かぐらほうのう》のならし《［練習］》で、ほりどん《［祝子］》たちが毎晩あつまって、夜中まで太鼓《たいこ》の音が聞こえていました。

もう夜中でしょう、さっきまで聞こえていた太鼓の音もぴたりとやんで、まわりがしーんとなって寒さが身にしみるようになりました。

少年は、寝ようと思いじろ《［地炉＝いろり］》の灰をこまざらい《［いろりの灰かき］》でかきまわして、ひのとぎ《［いろりで燃やす大木］》の火を消しました。火が消えて急に冷《ひ》えこんできたので、少年はランプの灯を吹き消して、急いで湯たんぽで暖めておいた布団の中にもぐりこみました。

外は風で、庭先の木の葉の音がかさかさと聞こえます。そのたびに障子《しょうじ》にうつった木の影《かげ》が横に動いています。新城《しんじょう》に月が出たのでしょう、まわりが明るくなりました。今まで冷え込んでいた少年の足先もだんだん暖まってきて気持ちが良くなったのか、少年がうとうとしておりますと、突然《とつぜん》たれかが木戸《きど》の方でおらびました。

「ホーイッ」

と、外からたれかが呼ぶ声がします。今度《こんど》は西側の木戸の方から聞こえました。「おやっ」と思った少年は目をあけて、たれかが用事で役場にあがってございたわいとばかり思って、声のした方を向いて、「おーい」と返事をしました。そうしたら、

「ホイッ、ホイッ」

今度は頭のすぐそばで、大きな声で呼んでいます。少年は「こら、えくれんぼう《［よっぱらい］》じゃわい」と思いました。竹原の英夫さんやら、縄瀬《のうぜ》の浅平《あさへ》さんたちが、えくろうて《［酔っぱらって］》来おりやったがと思って、声がしたほうを向いて、

「おーい、だれな？」

ところが、すかさず、

「ホイ、ホイ、ホイ」

とよびかえしてきました。少年は、いよいよだれかがえくろうて来て、おりばもどくらかそ《［おどかそうと］》たんしとっと《［思っている］》じゃろと思い、

「おーい、ほい。だれや、こらーっ。」

と、呼び返しましたら、またもや庭先からいきなり、

「ホイ、ホイ、ホイッ。ホーイッ」

少年もまた、

「ほい。ほい。あらほいのほいのほいっ。」

と呼び返して、外の声の主をもどかそう《[おどかそう]》としました。すると外からは、だんだん大きな声でおらびながら家のまわりを回りはじめました。東の木戸《きど》、裏山《うらやま》、西の木戸口、そして家の上と、そりゃえれこっちゃ《[大変なことだ]》。

少年はひったまがって、今までおらび返しとったが、とうとうだまりこくってしまいました。少年は、

「こりゃぼくじゃ《[大変だ]》。おかしいど。」

と思って飛び起きてランプに火をつけようとしましたら、なんかしらんが屋根の上に「どしーん」と落ててきました。そして「ばりばりっ」と、家がつぶれそうな音がしました。そうして少年の耳元《みみもと》で、

「ホイ、ホイ、キキキー、キリッキリ、キリキリー、ホイ、ホイ」

とうとう少年は、頭をかかえてその場に座《すわ》りこんでしまいました。今度は戸や障子《しょうじ》が、がたがた　どたーんどたーん　と大音《おおおと》立てはじめました。そし

て家がぐらぐら動きだしました。力の強い大男が家をゆさぶりくやすように揺《ゆ》れて棚から物が落つ《[ち]》るおとがします。ランプが揺れてホヤが傘《かさ》にあたって、カチカチとなっています。少年は、

「かりこぼうじゃ。」

と、やっと気がついたのです。少年の頭の毛は一本だちとなって、大きな鍋《なべ》を頭からすぽっとかぶったように、「がーん、がーん」と鳴《な》り続《つづ》けました。やっとのことで障子《しょうじ》の処《ところ》までほうて《[這って]》きた少年は柱《はしら》にひっつかまって障子を開《あ》けようとしましたが、家がぎしぎしゆれて障子が動きません。力を入れて障子をやっとのことで開けた少年は、外へ飛んでころげました。少年の頭はガンガン鳴《な》っています。少年のまわりでは、

「キリ、キリーッ、ホイホイ、キリキリーッ」

ふらふらになった少年は、冷《ひ》えきった地面をはだしで一目散《いちもくさん》に階段《かいだん》をかけおりはじめました。役場の下に竹やぶにかこまれた一軒家がありました。少年はやっとのことで竹やぶのなかをつっきって、家にたどりつきました。そして戸をたたきはじめました。

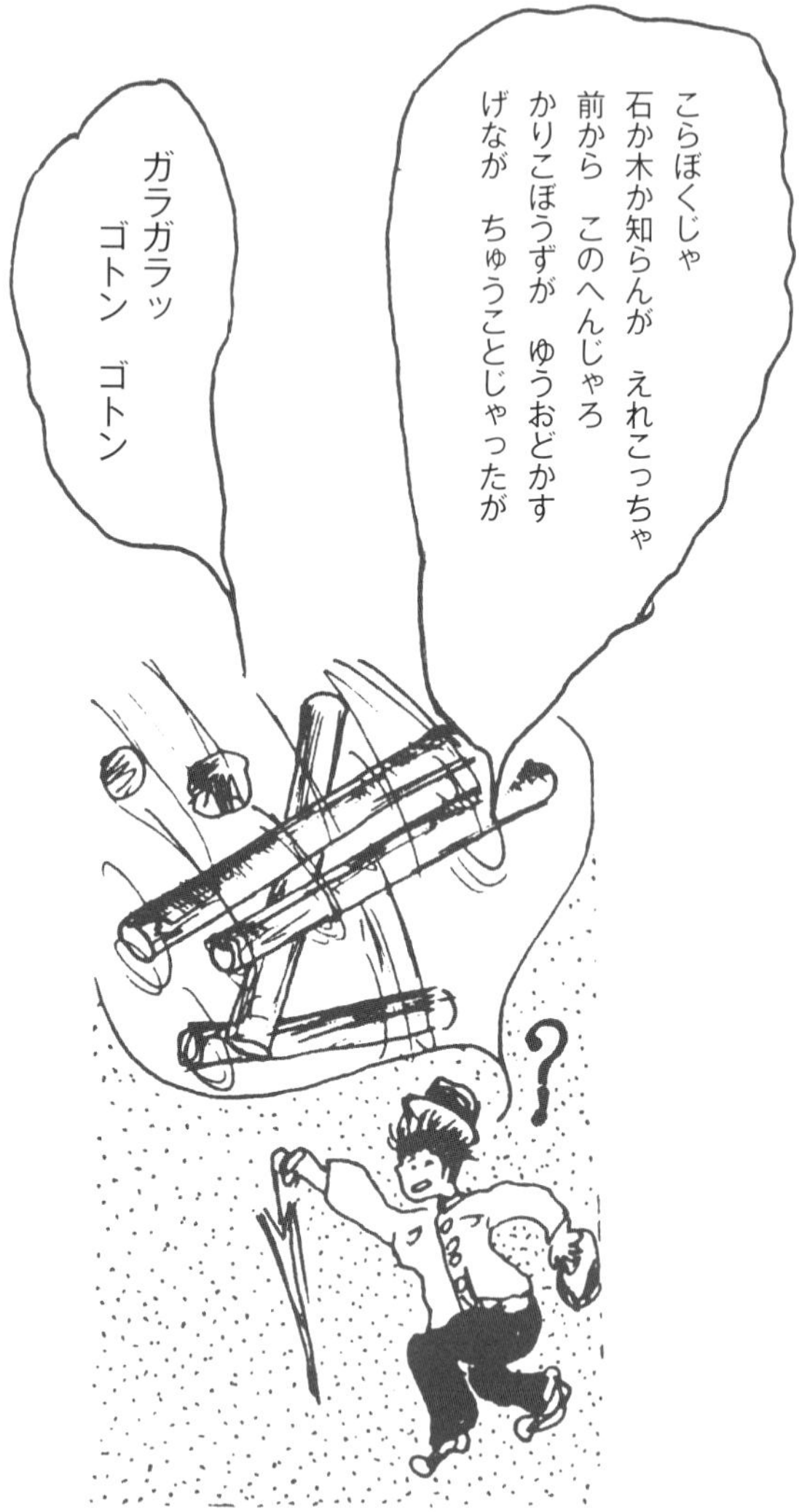
こらぼくじゃ
石か木か知らんが　えれこっちゃ
前から　このへんじゃろ
かりこぼうずが　ゆうおどかす
げなが　ちゅうことじゃったが
ガラガラッ
ゴトン　ゴトン

「ばあーさん、ばあーさん。ヨーイばあーさーん。」

少年は、戸を力まかせにたたき続きました。

「ドンドン、ドンドン。ばあさーん、ばあーさーん。ドンドン。」

そのすさまじい音に目をさましたばあさんは、何事がおこったかと思い急いで戸を開けました。するといきなりそこへ少年が、飛びこんできました。びっくりしたのはばあさんです。腰《こし》もひんぬかさんばかりでした。なんと少年の頭がばあさんの股《また》の間にはいってきて、少年は両腕《りょううで》でばあさんの両足をしっかとつかまえたままガタガタふるえていました。

そのころの役場があったところは、八幡とどろから尾根づたいに八幡神社を通って、天包山《てんぽうざん》に通ずる「山の神」「水神」の通り路のそばでした。少年は「かりこぼーず」を知らずに、だれかが酔《よ》っぱらって役場に来たものと思いこんで、かりこぼうのとりこになってしまったのです。

昔から「かりこぼうが声をかけたら、けっして呼び返しをするな」と、山のおきてとして、古老《ころう》たちは言い伝えて来ました。まだ経験《けいけん》のない少年はそのことを知らずにこの災難《さいなん》にあってしまったのです。

と、もうす、かっちん

ものまね先生

鶴村《つるむら》に、ふさばあさんという豪傑《ごうけつ》ばあさんがおりました。ふさばあさんは、時どき縄瀬《のうぜ》にあるたんぼに行くことがありました。縄瀬には、ふさばあさん家《ち》のたんぼがあったので、米をつくったり麦をつくるときにゃ、子どもたちも一緒《いっしょ》に泊まりこみでつれて行ってもらっていました。

十一月のなかごろでした。ぼつぼつ麦つくりがはじまるので、ふさばあさんは子どもも一緒《いっしょ》に縄瀬の田小屋《たごや》にでかけていきました。子どもは、男の子

二人と女の子二人でしたので、兄弟姉妹《きょうだい》たちはなかよくふさばあさんを助けて仕事の加勢《かせい》を喜《よろこ》んで手伝っていました。

仕事がすんでも、ふさばあさんたちはいっときここにおることにしました。そうしたある晩のことでした。晩飯《ばんめし》がすんで、ふさばあさんはきもん［着物］を縫《ぬ》うておりました。上の兄ちゃんと姉ちゃんは縄《なわ》をなっておりました。あとの二人は、本を読んでいました。昔の米良は、明かりはランプか松をたいてその明るさをたよりに仕事をしていました。今夜は、ふさばあさんの田小屋では、たいまつをたいていました。

そろそろ子どもたちをば寝せんといかんじゃろと思ったふさばあさんは、立ち上がって納戸《なんど》の戸を開けようとしました。そしたら、

「ホイ、ホーイ」

と、外の方からだりかがおらぶ声がしました。子どもたちもこれに気がついて、顔ば見合わせました。ふさばあさんはいきなり、

「なんとか、言やせざったかい？」

「うん、おろだよ《［叫んだよ］》。だりじゃろ《［誰だろう］》。」

するとまた、小屋の外で

「ホイホイ、ホイホイッ、ホイホイ」

「かりこぼうずじゃ。だまっとれ。」

子どもたちは、黙《だま》ったまま道具《どうぐ》をあかめ《［しまい］》はじめました。ふさばあさんは、音がせんごとそろーっと、ふとんをしきはじめました。

「ホイホイホイ、ホイホーイ、ホイホーイ」

今度は、小屋の雨戸《あまど》のすぐそばでおらびはじめました。そして、ふてえ声で次つぎに家のまわりをおらんでいきます。兄弟姉妹《きょうだい》たちは、おずして［怖くて］たまらんごとなって、ふさばあさんのそばにひっついてじーっとしていました。そんうちにかりこぼうずの声が、小屋の上を通って後《うし》ろの山に登っていきました。

「やれやれ、やっとんことで山さねはっていかいたわい。」

ふさばあさんは、子どもたちを安心させました。子どもたちは初めてかりこぼうずにあって、気味悪くなってきたのだろう、みんな黙りこくってしまいました。

「ああおずかった。取《と》ってかまるっとじゃねかたんしとった［ないかと思っていた］。」

上の兄ちゃんが、あたりを見回《みまわ》しながら言いました。

「取ってかみゃせんが。かりこぼうずんまねしてえれえ［大変な］めにおおた［遭った］もんがおっとど。けっしてまねばするもんじゃねど。」

「おじいちゃんから、こげんとがくればどげしゅう［こんなのが来たらどうしようか］。」

「どげもせんとど、だまーってしゃおれば。」

「こないだ、だりかの話じゃ、音のまねばゆう《［よく］》すっじゃ《［するということだ］》げどな。」

ふさばあさんは、子どもたちのはなしをじいっと聞いていましたが、ふさばあさんが若いころ聞いたり、かりこぼうずにおおたりしたときのことを語《かた》って聞かせました。

「昔ゃね、まだ山にゃぎょうさん太え木があって、あっちこっちにだしやまし《［出山師＝木材を伐採して搬出する人］》がいっとったことがある。そん人たちゃ、山ん大事なきまりを知らざったため、かりこぼうずに腰《こし》ゅひんぬかさんばっかしに、こなされ《［痛い目にあわされた］》らいたげなちゅうこっちゃ。かりこぼうずは、木をきる音や、木をとのがす《［ずり落とす］》音や、赤ごが泣くまねや、そらどうしてどうして、みくびっとっとざっと《［簡単に］》いくもんじゃねとど。かちゃんどんが子どもんときゃゆう《［よく］》聞きおったもんじゃ。」

「そおかあ。おじごたるどね。いんままで《［今まで］》何も知らんかった。」

兄弟姉妹《きょうだい》たちは、初めてかりこぼうずの話を聞いたのです。

山の中に生まれ、山の中で育った子どもたちでも、初めて聞くかりこぼうずのことは、それはそれはふしぎなふしぎな、そして神秘《しんぴ》なおとぎ話のようなものでした。

と、もうす、かっちん

山からかえるおやじどん
たきもん　かるうてもどりやる
そこへかりこぼうず　とびのった
これまたなんとええながめ
ぼつぼつお山も　くらくなる
はらがぐうーとなったとき
はらがへったと　気がついた

馬も立往生

米良山の奥に、井戸内谷《いどうちだに》という谷川が流れていました。この小さな谷川のなかほどに、「セコ谷」といって、昔からここではかりこぼうずがよく通《とお》っていた尾根道があります。

今からかれこれ六十年前は、この谷すじにはたくさんの炭やきがはいって木炭《もくたん》を焼いておりました。そして、毎日炭《すみ》を馬で運ぶ人たちも、働いておりました。

ある晩のことでした。一人の馬引きどんが、炭はこびをしもうて〔終わって〕焼酎《しょうちゅう》一ぱいきげんで帰っておりました。その日は、犬までつれていました。犬は、夜道を歩くのが上手《じょうず》で、暗《くら》がりでも平気に歩いていきます。犬は馬引きどんの前に行ったり、後ろになったりしていました。山かげから、月が顔を出していて、細《ほそ》い道が所々照《て》らされています。

やがて小さい土橋《どばし》を渡った馬引きどんは、「セコ谷」のあるところにさしかかりました。今まで、馬引きどんの前を見えかくれして歩いていた犬が、「ヒューン」と小声で鳴《な》いて、一目散《いちもくさん》に馬引きどんのそばまで引《ひ》き返《かえ》してきました。馬引きどんは、別に気にもとめずに鼻歌《はなうた》を歌いながら歩いていきました。

すると今度は、馬が「ピタリッ」と止まってしまいました。

「こらっ、どしたかっ。チッチッチッ」

馬引きどんは、びっくりして馬んくつわをにぎって、引っぱりましたが、馬はうごきません。馬は耳をにょきんと立てて、前足をつっぱっています。そのうちに、馬は、後ろすざりをはじめました。いやいやそれだけじゃない、犬までが馬引きどんの足元にずりくうで［ずり込んで］しまいました。ただごとじゃないわい。かんづいた馬引きどんは首に巻《ま》き付《つ》けとったてぬぐいをおっとって、ふりかぶり［ほおかぶり］をしました。

「こらしもた。どしてん、かりこぼうずじゃわい。やいや、やいや。こらぼくじゃ［大変だ］。」

馬引きどんは、馬がこけんごと、くつわを力まかせに引っぱって、道おわ［道の山手］でに引っぱっていきました。そんときでした。

「キキー、キリキリッ、キリキリキリーッ」

あんじゅんこと［案の定］、かりこぼうずじゃった。そん声の気色《きしょく》のわりいこと。馬引きどんのびんたの上で、奇妙《きみょう》な気色《きしょく》の悪い声がしました。とたんに、馬は大騒動《おおそうどう》。ヒヒーンヒヒーンと鳴きながら、足で土をけって飛び出そうとするしまつです。おまけに犬まで、ヒユーンヒユーン泣きながら馬引きどんの足にからみついています。

そのうちに馬引きどんも、びんた〔頭〕に羽釜《はがま》でもかぶったように、びんたがガンガンうなりはじめました。でも馬が騒動《そうどう》して、道下に飛びこみゃせんかとばっかりしんぱいで、馬んくつわにぶら下がっておりました。

「キリキリキリーッ、キリキリー」

またおらびました。今度は、げどされ〔悪ん坊〕がうしろん方でおらびました。馬引きどんは、いよいよ耳までうなりだして、びんたん毛も一本だちになりました。

そんうちに、かりこぼうずの声が「ホイホイホイ」「ホイホイ」と、今度は気のぬけたような声でびんたん上を通って、向かえん山さね移って行ったようでした。そしたらいんままで騒動しとった馬がおとなしゅなって、犬も鳴きかたをやめました。

「やれやれ、やっとんことでこらえてくれおらいたわい。えれえめにおおた。」

ふりかぶりをしとったてぬぐいを取って、めっけんずら〔頭と面＝顔全体〕の汗をぬぐった馬引きどんは、へなへなとそこにすわりこみそうでした。焼酎一ぱいきげんでええ気分じゃった馬引きどんも、かりこぼうずのおかげで酔いもいっぺんに冷めて寒うくそ《こそ》なってきました。

　やっとのことで、馬が歩みはじめました。馬引きどんは、どうやらこんに《今夜》ゃは、かりこぼうずどんのお通りに出くわしたもんじゃったっちゃろ。とおもうて道をいそぎました。

　かりこぼうずどんも、

「コラッ、おりが先にとおっとじゃが、いっときまっとれ。焼酎どんくろうていきにょうたことか。」

といわんばかりだったのでしょう。

　馬引きどんは、

「馬や犬どまえれえもんじゃ。見えんもんでもじきわかっとじゃから。おりもはよ気がちいてことわりでん言えば、何のこたなかったっちゃろが、なんさまこげひったまがったこたねえ。」

　井戸内谷のせこ谷のかりこぼうずの話が広がって、夜おそうに通るもんはいなくなりました。かりこぼうずは、悪いことはしません。時どきいたずらをして、びっくりさすることがある、いたずらずきなのです。

と、もうす、かっちん

秋の彼岸も、
どうにかすぎたぞ。
山も久しぶりじゃ。
来た来た
馬引きどんが、
元気そうじゃ、
あん　おやじも。

狭上峠のおとも

米良山は、十二月になると神社の祭りがはじまります。祭りでは、神楽《かぐら》が徹夜《てつや》で舞われますので、そのために十一月になると毎晩神楽のけいこが、村所の公会堂でありました。

大正のおわりごろ、狭上《さえ》の稲荷神社の亮介《りょうすけ》どんは、狭上から村所までの一里半の山道を歩いて、源小郎峠《げんころとうげ》という峠をば越えて、神楽のけいこに出てきておりました。

十一月といえば、寒さはだんだんきびしくなるころで、源小郎峠にふきつける風は、それはそれは冷《つめ》たいというよりも、痛《いた》いといったほうがぴったりだったでしょう。

ある晩のことでした、亮介どんはたいまつをとぼして《[灯(とも)して]》家をでました。五分も歩いただろうか、亮介どんの背中《せなか》に風がどーんとあたって、亮介どんはひょろひょろっとしたのです。亮介どんは、おかしなこともあるもんじゃとおもって歩いておりました。道のまわりは真《ま》っ暗《くら》で道の両わきには、大きな木がいっぱいたてこんでいます。源小郎峠までは上り坂で、どんな寒い時でも、汗をかくほどのきつい坂道でした。

「ホイ、ホイ、ホイ」

亮介どんという青年は、ちっとやそっとでへこたるる若者ではありませんでした。

「とうとう、出てございたわい。そろそろかりこぼうずどんの、出てこざるころじゃがたんしとった《[思っていた]》とこじゃった。」

と言いながら、坂道を登っていきました。すると、今度は亮介どんの前んへら《[あたり]》にきて、「ホイ、ホイ、ホイ」と、声をかけはじめました。

「こんにゃんた《[今夜のは]》、えろおとなしゅごたるが、祭り前じゃもんじゃから、こ《[ま》とらしゅ《じめそうに]》かまえとらっとかもしれんわい。」

亮介どんは、やっとんことで峠につきました。道横の石にこしかけて、よ《[休》くうとりました《んでいました]》ら、すぐ下ん方で、

「ホイ、ホイ、ホイ」

と、声をかけらいて呼びながら登ってきました。手を出せば届きそうなとこまできてふて《[太]》え声で呼んでおりました。亮介どんは、

「ここまで送ってくれやって、おおきん。こりから村所まで、神楽んけいこに行《い》たてきもすんで、待《ま》っとってくりゃりもうせ。」

立ち上がって、今度は坂道を村所向けて下っていかなければなりません。

空には、青白い月が出ていて見るからに寒そうでした。

曲がりくねった山道を下るのは、たいまつの火が目にいって歩きにくいものです。村所が見えるところまできた時に、道下で、パサーッという音がしました。

「あらどうしたもんか。源小郎で待っとってくれやるごと言いもうしたっちゃが、とうとうここまでちいて《［付］》来てくりやったもんじゃが。」

亮介どんが、道下に向けて言いますと、今度《こんど》は道上にのぼらいて、「ホイ」と一声おらばいて《［大きな声を出して］》二、三べん木をゆさぶって、今度は向かえん尾根がしらに飛《と》び越えて、「ホイ、ホイ、ホイ」と、三声おろうで静かになりました。

亮介どんのあとをついてござった、かりこぼうずどんだったのです。晩になって、神楽のけいこに行く亮介どんを案《あん》じて、かりこぼうずどんが世話《せわ》をやかいたもんでしょう。

今夜の神楽のけいこは、社人《しゃにん》が多うして、けいこにも熱がいって、すんだのは夜中の十二時、そんあと茶飲みや話がすんだときは、一時すぎでした。亮介どんは、早めにひまをもらって、村所公会堂を出ました。持ってきたたいまつに火をつけて、狭上《さえ》向けて歩きはじめました。夜中すぎになると、外はぐーんと冷えて、百間橋《ひゃくけんばし》の上は霜《しも》で真っ白、歩くとツルツルすべってあぶないところでした。

亮介どんは、桐原のもときた道をのぼって行きました。坂道の一番きついとこをとおって一汗《ひとあせ》かいたときでした。

「ホイ」

一声《ひとこえ》上の方からおらばる声が聞こえました。

「いまじゃったど、おそなりもした。ええ、待《ま》っとってくりやったもんじゃが、ありがとござんした。おかげで、こんにゃ《［今夜］》はけいこがでけました。」

「ホイ、ホイ、ホイ」

今度は、上の方で三声聞こえました。亮介どんは、遠《とお》くに、近くに、かりこぼうずの声を聞きながら、山の坂道を一歩一歩登っていきました。水の元の上にさしかかったころ、

「チユッチユッ、チユッチユッ」

と、今度は亮介どんの前になったり後になったりして、まあーそれはせせ《［うる］》ろしくて《［さくて］》いそがしいもんでした。亮介どんは、

ホイ
ホイ
ホイ

「こら送《おく》り迎《むか》えまでしてもろうて、ありがとござんす。わしんとこは、昔から大山祇命《おおやまずみのみこと》や稲荷《いなり》さんを祭って来もしたので、いっつも山神様にゃお世話かけてきもした。こりから先も、あんべらしゅう《［しっかりと］》に守ってくりやりもうせ。」

そうするうちに、気がちい《［着］》たときゃ亮介どんは源小郎峠にたどりちい《［着］》とりました。峠は風が強うして、あぶねえ。火を吹き消さるっとこでした。

「うー、こら寒いわい。地だにゃもへ《［もう］》霜ぐり《［しもばしら］》が立ちはじめたわい。あしたん朝は、だいぶん冷《ひ》ゆるもんじゃろ。」

亮介どんは、峠から家向けて坂道をおりはじめました。かまっちん《［粘土］》とこじゃ、霜ですべりやしいところがあってぼつぼつ下っていきました。今まで亮介どんの後先で「チユッ、チユッ」と声をかけておりましたのが急にまた、

「ホイホイッ、ホイホイ」

呼びはじめらいたのです。亮介どんは、

「おおきん。だんだんこりでやっともどりつきもす。もうここまでよござんす。」

「ホイ、ホイ、ホイ」

最後に三声おらびかけて、木をばゆさぶりはって行きやりもした。亮介どんは、やっとあんどして道を急ぎました。

このへんは、山神のようあっちこっちせらる《［なさる］》とこで、神社の社務所《しゃむしょ》でもあったことがあるが、ひだるなってにぎり飯ゅつくって食わいたちゅうこっちゃが、そこん下《［下の方の］》はらん源《みなもと》ん小屋でも、彦《ひこ》げさん小屋でもあったちゅう話じゃが。

昔から、セコどんは人間と助けおおていかにゃならんごと、言うて聞かせらいたもんじゃった。亮介どんはかかさんが、子どもんころ語ってくれらいたことをば思い出しとりました。そうこうするうちに、亮介どんももどりつきました。

亮介どんは、稲荷様を拝《おが》むときにはいっつも「かりこぼうずのセコどんも、大事にしますから守ってください」と祈ったそうです。

と、もうす、かっちん

かなやまのかりこぼう

もう六十年も昔のこと、米良の向かえん寺という所に貞五郎という行者《ぎょうじゃ》が住んでいました。若い頃から神道に志《こころざ》し、行の力は米良山随一《ずいいち》とまでいわれた男でした。祈祷《きとう》や易《えき》の法にては「陰陽道《おんみょうどう》」の修行の末《すえ》、神道本部から学位《がくい》をもらった程《ほど》の人でした。

昭和六年のころ、米良では村所から横谷までの県道工事が始まっていました。ある日、一人の山師《やまし》がひょっこり向かえん寺の貞五郎の家を、たずねてきました。見れば足をいためていて、年かっこうは四十前後のひょろっとした男です。貞五郎は、ものもらい《［物貰い］》の男かとおもいましたが、そうでもなさそうにも見えました。貞五郎は、板縁に腰をおろして、男の話をききました。

男は、肩にさげた袋の中から、石を出して貞五郎に見せました。それは、貞五郎が二十年前に掘りだした、かなやまの石だったのです。男は、

「おとっつあん、この石ははまご《［浜川］》のみちばたに、こずんであった石です。この石がでたやまが、そこの上にあるということを聞きました。そいでそん仕事ばしたたっちゅう人をたずねましたら、このおとっつあんだったのですよ。」

と、その男は、貞五郎にその石を手わたしました。見ればたしかに二十年前、貞五郎が掘りだしたかなやまの石でした。貞五郎は石を見ながら、男のかおを見ました。男は貞五郎に、かなやま掘りをばすすめはじめました。

その晩は、かなやま掘りの話でもちきりでした。貞五郎の妻サイは、頭から反対しました。それは、三十年まえに焼酎《しょうちゅう》たきを失敗《しっぱい》してから、かなやま掘りまでも失敗して、一銭《いっせん》にもならんことに金をつっこんでつぶれたのが身《み》

にしみていたからです。しかし、貞五郎はまだ胸《むね》の中のどこかに、かなやま掘りの夢《ゆめ》が、残っていたのです。

男の話を聞いているうちに、話がおもしろくなってきました。この男は身《から》体《だ》つきこそ貧弱《ひんじゃく》だが、知識もあり、山掘りのことでも、貞五郎以上に数段《すうだん》上でした。話は、一晩中《ひとばんじゅう》つづきました。そして、貞五郎はまいっぺん山を掘ってみることにしました。

かなやま掘りが始まるまでは、ざっと二カ月かかりました。貞五郎は、前に一度山掘りをねご〔願〕うとりましたので、今度はゆるしが出るのがはやかったのです。

それから、貞五郎は男をつれて、毎日山へかよいました。この男の名は田中といっておりました。

やがて田中どんは、山になれて一人で仕事に行くようになりましたので、貞五郎は、ご祈祷《きとう》や、氏祭《うじまつ》りや、葬式《そうしき》に行ったり、家にいる日も多くなりました。田中がまいにち新しい石を持って帰ると、貞五郎はその石をくだいて、椀《わん》かけ〔椀に入れて選り分ける〕をして水でこしました。

このような日がつづいて、秋の彼岸《ひがん》もすぎたある日のことです。田中どんが、まだ明るいうちに帰ってきました。田中どんは貞五郎を見るなり、

「とっつあん、今日はえれえめにおうて、どうにも仕事にならずに帰ってきやんした。」

田中どんに、いったい山で何があったんだろうか。田中どんは貞五郎の顔を見ながら、語りはじめました。

田中どんが山についたのは、かれこれ九時まえで、いつものように茶をわかして煙草《たばこ》を一ぷくしてから、仕事に取りかかりました。田中どんは、昨日のつづきの三番敷《しき》にはいって、ちくさ棒〔岩に穴をあける鉄の棒〕をうちはじめました。チーンカーン、チーンカーンとはっ

ぱの穴《あな》を掘る音が、敷《しき》のなかいっぱいにひびいています。

しばらくたつと、田中どんの耳に奇妙《きみょう》な声が聞こえました。

「おーい、ほい、ほーい。」

それは、敷の入り口の方で、たれかが田中どんをよぶようにきこえました。

田中どんは「オヤッ」と思いましたが、何の気もなく仕事をつづけていました、すると、また、

「おーい、おーい。」

と呼んでいます。今度のは、大声でした。田中どんはかなづちを振《ふ》るのをやめて、耳をすましてみましたが何のこともありません。確《たし》かにだれかがよんだ。田中どんはすわったまま「ほーい」と返事をしてみました。でも、何のこともありません。

田中どんは「へんだな」とおもって、仕事をやめて立ち上がりました。入り口ん見えるところまで出てみましたが、だれもいません。ひょっとすると「とっつあんがきたかなあ」と思い、不自由な足をひきながら、敷の入り口にきて外の方を見ましたがだれもいません。

田中どんは、へんに思い、

「よおーい。」

と声をかけてみました。しかし、うんともすんとも言いません。田中どんは、

「どしたもんか。たしかに人ん声じゃったたっちゃが。」

とつぶやきながら、敷ん外さね出て、そのあたりを見てまわりました。でも何のこともありません。ただ谷川の水の音ばっかりがチョロ、チョロと聞こえるばっかりで、ほかにゃ何の音もしません。上を見れば、もみじが赤く見えます。

ときどきもみじの葉が、風でパラパラとおちてきます。

田中どんは、キツネにでもばかされたっちゃろかと、めんめ［面々＝自分］のふうたん［ほっぺた］をばつまんでみました。「んにゃ、いてど」。

田中どんは、ふにおちん貎《かお》をして、敷の中にはいっていきました。もとんところに腰《こし》をおろして、ちくさ棒《ぼう》のあなに水を入れて、打ちはじめました。敷のなかでは、またにぎやかにチーンカーンと、つちん音がひびきはじめ

ました。

「おーいっ、おーいっ。」

またまた、敷ん入り口で大声でだりかがおらびました。田中どんは仕事をやめて、聞いとりましたら、今度はだりかが敷の中に入ってくる足音がします。田中どんは、

「やっぱり、とっつあんじゃわい。」

とひとりごとを言いながら、敷の出口が見えるまがりかどまで来て、外の方をすかして見ましたが、誰《だれ》もおりません。田中どんは、びんたをかしげながら、

「おかしいど、こりゃ。ただごとじゃねえわい。えれこてなったど」と、びんたを手でかきながら、外に出て見ました。でもだあれもおりません。

「おーいっ、貞五郎とっつあん。」

と、田中どんは、大声で呼んでみました。うんともすんともいいません。ただとおくで、山びこがまねおらびするばっかりで、何のこともありません。

田中どんはいよいよ気味悪《きみわる》くなりはじめました。

田中どんは、また敷《しき》の中さね入っていきました。やっとのことで、はっぱの穴がいっちょう出けあがりましたので、石くずをかきだして穴に栓《せん》をしました。こんときだけは、何の音もしませんでした。

田中どんは、外に出て見ました。いんまさっきのことが、どうしても合点《がてん》がいきませんでしたが、腹《はら》がへったのか、あんまり気にもせずに昼飯《ひるめし》の用意にかかりました。

茶をわかしながら、メンパをひろげて飯を食いはじめました。メンパに茶をいっかけて、油味噌《あぶらみそ》ととうじん［唐人干し＝めざしを］ぼしゅかてて［おかずにして］、食う飯のうんまいことなんのいうたら、そらあ腹がへっとっときゃなんでもうめえもんです。

すると突然《とつぜん》、びんた［頭］の上から、木をへし折って大石が落ててくる音がしました。こらえれこっちゃ、田中どんはあわてててメンパをひっかかえて、敷の入口まで、足を引きずりながらやっとたどりつきました。石はグワラクワランと大きな音をたてて敷のよこに落てて来ました。

「あー、おずかった。」

田中どんは、おずおずつらを敷の外に出して、音がしたほうを見ました。だがそこには、石が落てた跡形《あとかた》もありませんでした。田中どんの心臓《しんぞう》はびっくりしてドキンドキンと破裂《はれつ》しそうです。はっと気がついた田中どんは、石が落てたとこにそろーっと行って見ました。ところがなんぶ見ても何にもありません。

田中どんは飯《めし》もそこそこに、敷《しき》の中に入っていきました。はっぱをかけたいが、なんさま気が落《お》ち着《つ》かず気持《きも》ちまでも悪くなりました。

「もうもどろう。きゅう[今日]はびんたがおかしゅなって、しごとにならん。」

田中どんが、先がひっつぶれたちくさ棒を、三つばかしをてご[手かご]に入れてかるったときでした。「これで、よしっ」といごき[動]だしたら、敷の入口が、

「ガラガラーン、ドターンドターン」

くずれおちる音がしました。田中どんは、あわてました。小走りでいごき〔動〕ながら、

「こらぼくじゃ。出口の木わくがくずれたわい。」

急いでまがりかどにきて、出口を見ました。「アラーッ」と田中どんはびっくりしました。何の事もないのです。たしかに、木わくがくずれた音じゃったとじゃが、石もぐわらりんおてた音じゃったっちゃが。

「ぼくじゃ。はよもどらんにゃ。」

田中どんの顔色が、さーっとかわりました。急《いそ》いで外に出た田中どんは、火を消して、山をずりおつるようにしてかけおりました。

その話を、じいっと聞いとった貞五郎は、ひげをなでながら笑い出しました。田中どんは、

「とっつあん、あれは何じゃろかね。」

貞五郎は、めがねごしに田中どんを見ながら、

「そら、山神《やまがみ》じゃが。」

「さんじんちゃ、そらなんですな」

ぴんとこない田中どんは、板縁《いたえん》に腰《こし》をうちおろしながら貞五郎の顔をのぞきこみました。貞五郎は、

「かりこぼうずのことじゃ。」

「かりこぼうずたあ、そら何です。」

田中どんには、ぼうど《[どれもこれも]》なんのことやらさっぱりわからなくなりました。貞五郎は、かりこぼうずについて、田中どんに語ってきかせはじめました。貞五郎のそばでかりこぼうずの話を聞いていた田中どんは、

「初めて聞いた。わしゃあおとろしゅうなった。」

「明日行《い》た《[っ]》ており《[俺]》がおさむる。しんぺ《[心配]》せんでもええが。」

そう言いながら貞五郎は、足のはらをぞうきんではたいて、家の中にはいっていきました。

その晩《ばん》は、隠居家《いんきょや》で貞五郎から話を聞きました。焼酎《しょうちゅう》を飲みながら、昼間《ひるま》の話のつづきに花が咲《さ》いて田中どんは、かりこぼうずのことがやっとわかりました。それでも、なんちゅう不思議《ふしぎ》なことがあるところじゃろかいと思い

ました。

あくる朝早く、山神おさめの用意がでけた貞五郎は、御幣《ごへい》・洗米《せんまい》・塩・おみきなどをばからくって、田中どんに持たせて山にでかけました。深瀬の忠太郎どんにも、加勢《かせい》に来てもろうて場所がでけたので、貞五郎はおはらいを上げ始《はじ》めました。

貞五郎の笛の音の出る声「のど笛がなるような」が、谷間をぬって流れはじめました。もうじきに冬になる前で、木の葉がパラパラとおてています。貞五郎の笛の声が、広がって行きます。だいぶんたって、おはらいも終わりました。貞五郎は田中どんの方を向いて、

「よし、これでもうあげんこたねえじゃろ。」

田中どんは、喜んでカンテラに火をつけて、敷の中にはいっていきました。

と、もうす、かっちん

おおにんずうじゃやった

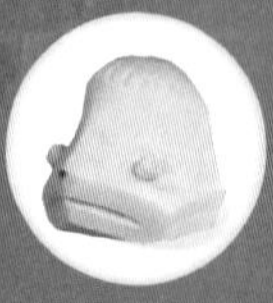

板谷に浜砂長太郎どんちゅう行者《ぎょうじゃ》がおりました。長太郎どんは、若いころ行者の修業をして、氏祭《うじまつ》りやら祈祷《きとう》やら、葬式《そうしき》にたのまれておりました。長太郎どんは、村所の貞五郎どんとは大のなかよしで、時どき寄《よ》って長話をしておられもしたど。山ん中ん話ゃ［話は］、たいがいおじい［怖い］話が多《おお》して、そんときゃ語りずきのもんが［者が］ちょの［一緒に］できておりました。

長太郎どんは、なんでも十九ばかしの時じゃったちゅうこっで、明治の二

十五、六年頃のことじゃったんでしょう、師匠《ししょう》ん使いでご幣紙買《へいがみか》いけ《[に]》行かいたもんでした。なんさま紙屋がとえ《[遠い]》して、とうとうもどりにひまどってしまいました。

長太郎どんは、紙をふろしきにひん巻《まく》りさめ《[まくるやいなや]》、ひっかるう《[背負って]》てうったち《[出発する]》ました。晩がたになっとって、日は山んてっぺんばっかりに照っておりました。

長太郎どんはこばしりに道を急ぎました。

山道にさしかかったころから、ちっとずつ暗うなりはじめました。一月ん末じゃもんじゃから寒《さみ》いときじゃが、坂道ゅ登っちいたときゃ汗《あせ》ばかきやぁとりました。

長太郎どんの話は、まだこりからです。

やっとんことで横道にきた長太郎どんはてねげ《[手ぬぐい]》で汗ばふきふき、道ばたん石に腰《こし》ゅうちかけて《[腰をかけて]》よく《[休み]》いました。あと一ときで、もどりつくとこまで来とりましたので、ゆっくりしておりますと、長太郎どんのうしろん上んへ《[方]》らで、

「ドスン、ドスン、すすてん、ドドスットン」

「あいた。こらぼくじゃ《[大変だ]》。石がくっど。」

あわてて立ち上がった長太郎どんは、上を見さめ走りました。大音はしたがなんのこたない。長太郎どんは立ち止まって後《あと》がやって［ふりかえって］見ましたが、何の音もしません。気色《きしょく》が悪うなった長太郎どんは、

「かりこぼうずじゃわい、おりばためそうたんして［俺を試してみようと思い］、ぞうたんばせらいた［じょうだんをしなさった］もんじゃ。」

とあんじて道をば急《いそ》ぎました。なんべんか、かりこぼうずん声は聞いとりもしたが、こんときんごと［この時ほど］音ばまねしておどさいたたは［驚かしなさったのは］じめてんことでした。

長太郎どんの話が、おもしろうして焼酎のさかなになってしまいました。

　なんべん後がやって見ても、いんまさっきの音はどこさねか消えとりました。人の話じゃ、木を切ったり石ばとのがす［石をころがす］ような音ばさする話は聞いとったが、

いんまんとがそうじゃったもんじゃろ。長太郎どんは、めっけん《ひたい（額）》の汗《あせ》ばぬぐいながら急《いそ》ぎました。

やっとのことで道が降《くだ》り坂《ざか》になって、こん坂を下ってしまえばもどりつきます。そこで長太郎どんは、てぬぐいを腰《こし》にはさみながら坂道をおりはじめました。村が見えるとこまできた時に、先ん方でぎょうさん《たくさんの》な人が語り合う声が聞こえて来ました。長太郎どんは、とまってじーっときいておりましたが、「がやがや」と声がします。

「今ごろ寒いのにこげんとけ、なんご《なんで》て人がきとっとじゃろかい。」

長太郎どんはひとりごとを言いながら、耳ばすませてそろーっと歩きだしました。

「がやがやがやがや、がやがやがやがやがや」

「また、だっどん《誰たち》かな。何ちゅうて語っとっとかしらん。」

長太郎どんは、立ち止まってしまいました。

「んにゃ、こらまたおかしいど。かりこぼうずじゃねかい。」

長太郎どんは、また座りこみました。いんまさっきもうちおおて《会って》、もどく《から

らかさいた〔かわれた〕が、どこまでためさっと〔試される〕かしらんわい。すると、あんじゅんこと〔案の定〕先の方の下から、

「がさがさがさ。がやがやがや。がさがさがやがや」

どうしても、人なら十四、五人どむじゃろ、何を語っとらっとか、かいもくわかりもさんじゃった。

そのうちに、かりこぼうずどんは道をよこぎって尾根《おね》を登り始めらいて、道を通りおわらるまでは「がやがや、がやがや」何の話ゅせらいたもんか、「がさがさ、がさがさ」言わせて登っていかいた。

長太郎どんは、びっくりしてわきんしたから冷汗《ひやあせ》がではじめました。やっとかっとで、そこばとおりぬけて師匠《ししょう》ん家にもどっつきました。長太郎どんは、いんままでんことばしじゅう〔全部〕かたりました。すると師匠は、

「そら、せこどんの試《ため》さいたふのもんじゃ〔様子だったのだろう〕。もうすぐ免状《めんじょう》わたしにこぎつけたっちゃからね。」

と、言いました。

と、もうす、かっちん

ガッパと行者

◆

大正時代の中ごろ米良山の深瀬《ふかせ》というところに、貞五郎《さだごろう》という行者《ぎょうじゃ》がおりました。六月のすえでした、貞五郎は竹原へ葬式《そうしき》にでかけました。その日は、帰るのがおそくなってしまいました。貞五郎の家は深瀬のはまごというところで、村所から三キロメートルばかりのところにありました。いつもなら、もういまごろは家にもどりついておるころでした。暗《くら》くなってからの米良道は、凸凹《でこぼこ》で歩きにくい道でした。

貞五郎はちょうちんをかりて、とぼしながら夜道を歩きはじめました。むかえの寺から、馬頭観音《ばとうかんのん》さまの前を通って平瀬《ひらせ》の猫《ねこ》寺の前にきました時には、月が出て明るくなりました。

左は平瀬川です、猫寺のイチョウの枝が頭のうえをよこぎって、道もここだけは暗いほどです。道わきにはいで[井手＝いせき]があって、カエルの声がギャギャとやかましく聞こえます。

やがて貞五郎は、高橋《たかはし》ぶちの手前《てまえ》にさしかかりました。ここは足場の悪い崖道《がけみち》で、小さな尾根を回《まわ》りますと、高橋だきにさしかかります。

貞五郎は、高橋ぶちから高橋だきにかけてガッパがおるときいていましたので、こんにゃあたりはガッパに会うかもしれないと思いながら、尾根をまわりました。

貞五郎のあしが、ピタッと止まりました。貞五郎から一間半ぐらい前の道のまんなかに、せいの高さ一尺五寸ばかりのはだかんぼうが、向《むこ》うむきに立っているのが見えました。はだかんぼうは、時々あたまをいごか[動]します。貞五郎はこれをじーっとみていました。貞五郎が歩きはじめると、こぼうずもエッコラ、エッコラと不細工《ぶさいく》に歩いています。

「こりが、ヒョウスンボか。」

そう思ったとたん、貞五郎は、頭からひや水をひっかけられたように、ゾーッとしてきました。貞五郎は、ガッパのようすをじーっと見ていました。貞五郎が歩けば、ガッパも歩く。貞五郎が止まれば、ガッパも止まる。しばらく貞五郎は、ガッパと遊んでいましたが
「ははん、このやろう、おれをためしとるわい。いんまみとれ。」

貞五郎は、ちょうちんの柄《え》を口にくわえて印《いん》［両手の指を組み合せる］をむすびました。貞五郎は印をむすびながらこう思ったのです。こりゃ、やっぱりいたずらすいじん［水神］じゃわい、米良山行者をばかにしおったらふてえまちげえど。

「おれは、米良山行者中武貞五郎なるぞ。通りをさえぎりじゃまだてするとはなにごとぞ。これぞ門外不出《もんがいふしゅつ》の秘法《ひほう》不動《ふどう》のかなしばりなるぞ。いざうけてみよ。」

貞五郎は、全身にいっぱいの力をこめて、口のなかに呪文《じゅもん》をとなえながら、護身神法《ごしんしんぷ》［自分を守るとなえごと］のせて印をふくませてふきこみました。すると

「キリキリキリーッ、キリキリッ、キリキリー」

と奇声《きせい》をあげてガッパは道下の淵《ふち》めがけて、まっさかさまにとびこみました。木の小枝がパサパサッと音をたてて、

「ドボーン」

高橋ぶちの水の音が、下の方から聞こえてきました。ガッパの声は、貞五郎には、ちょっとこたえました。貞五郎のめっけん［ひたい＝額］には、あぶらあせがべっとりと、ついていました。それは、貞五郎とガッパとの対決だったのです。

貞五郎はひたいの汗《あせ》をふきながら、いそいで歩きました。そのうちに貞五郎は、重作どんの家《いえ》んとこまで来ていました。もうかれこれ夜中の三時ごろになっておったのでしょう。むかえん芳子《よしこ》が家《え》も、真《ま》っ暗《くら》でわかりません。

隠居家《いんきょや》の前に来た貞五郎は、

「マッバジョ、マッバジョ」

とマツばばをおこしはじめました。マツは重作の母で、六十をこえた元気のええばばです。貞五郎の声で、目をさましたマツは、

「さだどんの声んごたるが、どげしやったな。」

マツは、起き上がってローソクに火をつけて、戸をあけました。

マツは、貞五郎のつら[面]を見て、

「どういうもんか、えろおせえが。いっとき上がってぬくもっていきやり。」

「んにゃ、もう上がらんど。竹原《たこら》の葬式んもどりじゃが。」

「ちょっとまちやり、火をつくるから。」

マツが行灯《あんどん》に、火をつけたら一面に明るくなった。

「かまをいっちょう、かしやり。」

と貞五郎が言えば、マツが振《ふ》り向《む》いて貞五郎のつらを見た。

「そなた、えろう色がわりいが、どげしやりもしたな。」

貞五郎は、マツの眼力《がんりき》におどろいて、今さっきのことを語りました。

マツはこれを聞いてびっくりしました。マツは、

「エーエ、ンーン、エ」

と、貞五郎のはなしをきいておりました。昔から水神は鉄けのあるものを好《す》かんものと聞いておったので、マツはどじ［土間］におりて鎌《かま》かけから、一ちょうの鎌を貞五郎にわたしました。そして、マツは、

「ええ、そりゃ水神じゃったもんじゃが、あきれたこと。」

と目をむいて、貞五郎の顔をのぞきこみました。

貞五郎の家は、この川上にありました。でも大水で仮橋《かりばし》が流れていましたので、今は、川をわたらなくてはなりません。それで貞五郎は、身をまもるために鎌をかりたのでした。マツは、

「まっとりやり、そこまで送ってめしもそお。」

と言って、手提行灯《てさげあんどん》に火をつけて、貞五郎といっしょに家をでました。やっとのことで、川をわたるとこまで、やってきました。マツは、

「さだどん、向かえんぎしにわたりやったなら、ちょうちんをばまんまるうにふってくれやりもせ。そりまで、こっから見とりもそ。」

貞五郎は、

「ヨイ、もうええが、だんだん。」

といって、川のなかに足をいれました。

貞五郎はしりをつぶって［後ろのすそをからげて］ふろしきづつみをかるい、ちょうちんの柄《え》を口にくわえ、左手に竹の杖《つえ》をもち右手に鎌を持って、鎌で水を右左にきりわけて、川をわたっていきました。

水は深いところでは貞五郎の腰下《こしした》までありました。貞五郎は足先《あしさき》に力をいれて、川底をふみしめて護身神法《ごしんしんぷ》をとなえながら、一番深くてながれの強いところを渡りきりました。

やっとのことでずなごら［川の砂原］に上がった貞五郎が、ふりかえって見ますと、むこうぎしにマツが立っておりました。貞五郎は、マツにいわれたようにちょ

うちんを頭んうえで大きくまわしました。すると、マツはちょうちんを上下にふってかえっていきました。

貞五郎は「マエ」《［さようなら］》と、つぶやいて道をいそぎました。

そんなことがあってしばらくたったある日、あさはやく村所から妻のサイのあんちゃん《［兄さん］》どんがやってきました。それは高橋ぶちの水神が、あばれてしようがなくて、始末《しまつ》におえんというのでした。それで、貞五郎におさめてくれんかとたのみにきたのです。

貞五郎は、これをひきうけました。それもそのはず、だいたいもとはといえば貞五郎がつくったことですので、人に言われんうちに、もとにもどしておかなけりゃならざったのです。

貞五郎は、明《あ》くるあさはやく白い着物にきがえて半分のこった橋の上にたって、おはらいを上げはじめました。

しばらくして貞五郎の笛の声が、川のうえを流れるようにしてひろがっていきました。そうして水神をよんだ貞五郎は、何日《なんにち》ぶりかで不動《ふどう》のかなしばりの印《いん》を解《と》いたのでした。

うれしかったのでしょう、印《いん》をとかれたガッパは、大きな水しぶきを三回まくりあげて川下《かわしも》向けて跳《と》んで行ったと言います。

ガッパの印をといた貞五郎は、仕事着にきがえて横座《よこざ》《[主人の座]》にすわりました。妻のサイが切りもちをじろ《[いろり]》であぶっていましたが、貞五郎の顔をのぞきくうで《[こんで]》、

「こないだ重市どんが、高橋ぶちんおっく《[奥]》で、道ん真ん中を火の玉がころげてくっとにうちおうて、おずして《[こわくて]》たまらずに道おわで《[道の山手]》によけらいたら、火の玉はそんままころげて高橋ぶちさ《[へ]》ねとびくうだ《[飛び込んだ]》っちゃげなが。」

「おりも聞いたど。おりがくびったもんじゃから騒動《そうどう》ばしたもんじゃっつろわい。」

貞五郎は、ひげをなでながら切りもちん茶を飲みました。やがて貞五郎のがっぱくびりの話が、ぼつぼつ村じゅうに広がりはじめました。

と、もうす、かっちん

ガッパもさるもの

◆

行者《ぎょうじゃ》の貞五郎のことはこれまでも話に出てきましたが、この人は生まれつき豪傑肌《ごうけつはだ》の人でしたので、どんな山でも夜道を行き来することなど平気な人でした。

ある夏の夜、貞五郎は孫娘《まごむすめ》を連《つ》れて夜の集まりに出かけていきました。山の村のことで、夜遅《おそ》くまでよもやま話に花が咲いて、帰りの時刻《じこく》が遅《おそ》くなってしまいました。集会所を出たのは、かれこれ十時を過ぎた頃だったようです。

　夏の川風を受けながら、貞五郎は孫の手を引いて川沿《かわぞ》いの道を急《いそ》ぎました。歩く度に提灯《ちょうちん》が揺《ゆ》れて、土手に映《うつ》った二人の陰《かげ》が大きくなったり小さくなったり、前後ろに揺《ゆ》れながらついて行きます。藪蚊《やぶか》が、ブーンと額《ひたい》のあたりに飛んできますので、貞五郎は腰《こし》に差した団扇《うちわ》を抜《ぬ》き取って、孫の顔のあたりから自分の腰の周《まわ》りを扇《あお》いで蚊《か》を追《お》いながら歩いていました。

　曲《ま》がり角《かど》を廻ると、月の明かりで対岸《たいがん》の様子がぼんやりと分かり、向こうに、向かえん寺の我が家がある辺《あた》りが、薄《うす》ぼんやりに見えはじめました。

　足元《あしもと》が明るく見えますので、歩き易《やす》くなった貞五郎は「ヨイショコ、ヨイチョコ　チョイ　チョイ」と何時《いつ》ものように、調子《ちょうし》をと

って孫の手を引き上げるような仕種《しぐさ》で道を急ぎました。

去年やっと県道工事がすんで道は広くなったが、向かえん寺にわたる「大王橋」が洪水《こうずい》で流れたため、そこから五十メートル上に仮橋《かりばし》が架《か》けてありました。貞五郎は、仮橋をわたるために孫を前に歩かせながら、県道脇《わき》の小路《みち》を下《くだ》り始めました。

ものの二〜三メートル下った所で、貞五郎の足がピタッと止まりました。貞五郎は、真下《ました》を流れる川をジーッと見ていました。何かが、見えたのでしょう。暫《しばら》くして、貞五郎は孫の手を取って少しずつ道を下り始めました。橋のたもとに来た貞五郎は、

「お前は、ここにジーッとして座《すわ》っておれ。ええか、いごくなよ。」

と、孫に言いわたして褌《ふんどし》いっちょうの裸《はだか》になりました。貞五郎は、川を見つめておりましたが、静かに川の中に入って行きました。月は煌々《こうこう》と、川を照らしています。孫娘は、貞五郎に言われたように座《すわ》って心配そうに川を眺《なが》めていました。

貞五郎が見つけたのは、ガッパでした。何時《いつ》ものことであれば、そのまま

見逃《のが》すのでしたが、今夜のガッパは何時《いっ》のものより様子《ようす》が違《ちが》っていたのでした。昔から「ガッパが、子どもの尻《しり》を取る。」などとよく噂《うわさ》されたものでしたが、今夜のガッパはそんなふうに見えたのでしょう。

水中に潜《もぐ》った貞五郎は、ガッパが隠《かく》れた大岩の下を覗《のぞ》いていました。そこにはガッパが、目を光らして貞五郎の方を見ていたのです。

貞五郎は手を伸《の》ばしてガッパの足をつかみました。びっくりしたガッパは、大あわてで岩の中から外に飛《と》び出しました。貞五郎は振《ふ》り向くや否《いな》やガッパに飛《と》び掛《か》かって、首に手をかけたのです。ガッパは、必死《ひっし》になって貞五郎の手を振《ふ》り切ってまた水中に潜《もぐ》りました。貞五郎は、なおも屈せずにガッパの後について潜りました。

今夜のガッパは、なかなかの達者《たっしゃ》なガッパです。ようやくにして貞五郎は、淵《ふち》の手前でガッパを取り押《お》さえたのです。ところが、このガッパが手を振《ふ》り切って貞五郎に飛《と》び掛《か》かってきたのです。

不意《ふい》をつかれた貞五郎は、浅瀬《あさせ》の石につまずいて後ろ向きに倒《たお》れました。すかさずガッパが、貞五郎に飛び掛《か》かって来ました。貞五郎は、力まかせに

ガッパを蹴飛《けと》ばしました。その弾《はず》みをくったガッパは、石に頭を打っつけてのびる寸前《すんぜん》なまでに弱《よわ》りました。

「ええか、子どもにゃ手をだすな。」

と、貞五郎はガッパをそこへ組《く》み伏《ふ》せました。ガッパは、目をパチパチして、静かに貞五郎の顔をのぞき込んでいました。

「もう、ええ。」

と言って貞五郎は、ガッパを静かに元の大岩の

下まで連《つ》れて行き、優《やさ》しくもどしてやったのです。

ガッパと遊んだ貞五郎は、孫娘《まごむすめ》が待っている岸《きし》に上がってきました。貞五郎の姿を見た孫は、安心して立ち上がって貞五郎の所へやってきました。ところが、貞五郎の右の腕《うで》から血が流れているではありませんか。

「じいちゃん、血が。」

と孫が提灯《ちょうちん》を近づけました。なるほど血がながれています。貞五郎は、

「ん、いんまさっきガッパが噛《か》みちいたが、そっでじゃろう。」

「いてえなあ。」

「んにゃー、いとわねえ。」

着物に着替《きが》えた貞五郎は、孫娘の手を引いて家に帰りつきました。並《なみ》の人には見えないものも、貞五郎には良く見えたといいます。

と、もうす、かっちん

水神の魚とり

米良山に貞五郎という行者がおりました。大正時代の終わりごろのある日、晩飯《ばんめし》をすませた貞五郎は、娘《むすめ》をつれて網《あみ》なげにいきました。仕事の忙《いそが》しい貞五郎は、めったに川遊びなんかにゃ行くひまもなかったのでしたが、きゅぅ[今日]はまた珍《めずら》しいこともあったもんです。

◆

貞五郎は、行者としてのひょうばんが良かったので、熊本県や鹿児島県までもでかけておりました。この日は、球磨郡《くまぐん》の水神祭りや、家ばらい祭りをすませてもどってきたばかりでした。

川行きの支度《したく》ができた貞五郎は、

「さあいくど、後ばち《[付]》いてけよ。」

夏休みになって、久しぶりに家にもどった末娘《すえむすめ》をつれて、魚とりでもい《[行っ]》た
てみとうなったのです。

「ちよっとまっとりやり。あしなか《[足半＝足の半分くらいの草履]》がどけあるかわからんとよ。」

娘は、あしなかにあしゅ突っ込んで貞五郎について出ました。娘は、めったに持ったこともない魚かごをかつぎ、手提行灯《てさげあんどん》を持って行きました。

千代吉じいどんの田のあいだの石段を折れて、八幡様の墓ん前にきますと、貞五郎は、

「昔ゃ、魚もふて《[大きい]》えとがおったっちゃが、もうそげんた、よんに《[めったに]》ゅおらんごとなった。」

「そげおらんな。深瀬ん川にゃおったがな。めしつぶでしゃか、くいつきおったっちゃがな。」

「おらんちゅうても、おるこたおっとど。そっでも、ちっとばかし減った

わい。」

　夜道を歩きながら、親子が語っていきます。向かえん寺の大王橋《だいおうばし》を渡って、赤木谷《あかぎだに》を通っていきます。いっときたって、二人は縄瀬橋《のうぜばし》んところにやって来ました。そんころの縄瀬橋は、木橋でがんじょうにつくってありました。橋を渡った貞五郎は、川におりるところば見つけて、下《くだ》りはじめました。娘も、そのあとをばちいて下りました。

　貞五郎は川んこら〔川原〕を川上に上がって、網《あみ》なげにええ場所を、さがしはじめました。ええ場所を見つけた貞五郎は、網をたぐって投《な》げる用意をはじめました。

　網を肩《かた》にひっかけた貞五郎は、静《しず》かに水のなかにはいっていきました。貞五郎は川ん方をすかして見とりましたが、網をふっていたのをうちやめました。そしてじいっと、水ん中を見ていましたが、

「だめど。」

と言ったぎり、くるっと後ろを向いて川んこらに上がってきました。

「さあ、もどろや。こんにゃはだめど。」

魚も
ちかごら
こもうなった
わい

貞五郎は、網をくるっとひんまくって《[まくって]》肩《かた》にひっかけて、いんま来たばっかりの道をひっ返《かえ》し始《はじ》めました。

「どげしたとな。もうもどっとか。何して今来たばっかしじゃが。」

娘が、ふしぎそうに話しかけましたが、貞五郎はだまってすたすたと娘を前におしだして歩きました。

娘は何のことか、さっぱりわからんまま歩いています。どうしてとっつぁんが、逃《に》ぐるようにしてもどらっとか。あんべ《[按配＝具合]》でもわるうなりやったっちゃねかしらんたんして《[思って]》、しんぺ《[心配]》しました。でも、神様や人の目に見えんことでもわかるとっつぁんじゃから、なんもしんぺすることもねえと思って歩きました。

大王橋を渡ってしもたとき、貞五郎が娘に言いました。

「こんにゃはだめじゃったど、はよから水神がきとらいたもん。魚がなんぶおってもじゃまくらるから、うちもどったとじゃが。」

「そおかあ。なんしていを《[魚]》もとらんでもどっとじゃろかい、たんしとったとよ。」

「おまえがさびしゅがっとわりたんしとったもんじゃから、だまっとったとじゃが。」

貞五郎は石段ば登りながら、娘と語りながら家にもどりました。

貞五郎は、魚くそ［こそ］ええとらざったが娘をつれて歩いたのがうれしかったのでした。水神が川ん中でたのしゅうでおらっとばしらじ［知らないで］、魚ば取りはじめたら魚は一匹もとりださんばかりか、ええめに遭《あ》うところだったのでしょう。

昔から自然の中のおきてに、山神や水神にはさからうなちゅうことが言い伝えられてきました。貞五郎は、人の目に見えない山神や水神の姿が見えるほどの行者でした。

と、もうす、かっちん

ガッパのお礼

むかしむかし、米良山の深瀬《ふかせ》というところに、勘助《かんすけ》というさむらいが住んでいました。勘助は力が強くて威勢《いせい》のいい男でした。勘助の妻はチヨという美人で、二人は人もうらやむ仲の良い夫婦で、山奥であっても平和で豊《ゆた》かな生活をしていました。

ある日勘助は、大雨で流された橋をかけるいしづみ《［石積］》をつくりに川にでかけました。一日がかりでやっとのことでいしづみができたので、勘助は帰る用意を始めました。勘助が腰《こし》をのばして川上の方を見ますと、向こうの川原の砂の上になにかチラッと動くものがあります。そこには三つぐらいの子どもが、飛んだりはねたりして遊んでいました。

「おやっ」

とおもった勘助は、これをじーっと見ていました。やっぱりそれは「ガッパ」でした。

「ガッパか、こんわろじゃわい、ときどき人ばおどきゃたり《［おどかし］》、ニワトリまで持っていくげなが。よしっ。ひとつひっつかまえてやれ。」

と勘助は、ガッパにきづかれんようにガッパに近づいていきました。ガッパは、人まねが上手だということを知っていました。

ガッパは、勘助が近づいたのも知らずに、さかんにそこらいっぱい飛び回《まわ》っていました。ところがガッパのしぐさがあんまりおかしいので、勘助は吹《ふ》き出しそうになりましたが、やっとこらえて見ておりました。

ガッパの後《うし》ろにちかづいた勘助は、ガッパの前に、ひょいとでて頭をふかぶかと下《さ》げておじぎをしました。

あまりの突然《とつぜん》のことにぽかんとしていたガッパは、勘助のしぐさをとうとうまねしてしまったのです。するとどうでしょう、ガッパの頭の皿《さら》の水が、タラタラッと地面に流れ落ちてしまいました。皿《さら》の水が無くなったガッパは力をなくしてしまったのです。

勘助は、ガッパに飛びついてガッパをつかまえました。力のぬけたガッパは勘助にまんまとつかまってしまいました。

ガッパをくくって家に帰った勘助は、ガッパを納屋《なや》の柱《はしら》にくびっつけておきました。元気のなくなったガッパはうなだれて、目ばっかりをパチパチしていました。

夕暮《ぐ》れになって、そうずたんご《［洗い水の桶（おけ）］》をかかえたチヨが、なやの前をとおりかかりました。チヨはくびっつけられておるガッパを見て、

「どういうしんきな《［じれったい］》もんかい、ひっつかまえられて、おまいがてんご《［いたずら］》ばするもんじゃからよね。」

といって、たんごのそうずをなんの気なしにガッパの頭からひっかけました。今までからっぽになっておったガッパの頭の皿に水がはいったので、ガ

ッパはたちまち元気をとりもどしてしまいました。

ガッパは力がでたので、くびってあった縄《なわ》を張《は》り切《き》って、川の方へこおどりして逃げていきました。

「はっ」としたチヨはただぼうぜんとして、ガッパの後ろ姿《すがた》を眺《なが》めていました。これをみていた勘助は、

「もうええじゃろ。こりから、わりこたせんじゃろ。」

といって、家の中にはいっていきました。

あくる朝チヨが外に出て見ますと、戸口の横においた桶《おけ》の中になんかがいっぱいはいっています。チヨは、おそるおそる桶のなかをのぞいて見ました。どうでしょう、そのなかには魚がいっぱいはいっているじゃありませんか。

チヨはひったまがりました。

チヨから命を助けてもらったガッパが、チヨにお礼《れい》に持ってきた魚だったのです。それからは時々あさはやく、勘助がえ［家］の前に魚がおいてあったちゅうことでした。

と、もうす、かっちん

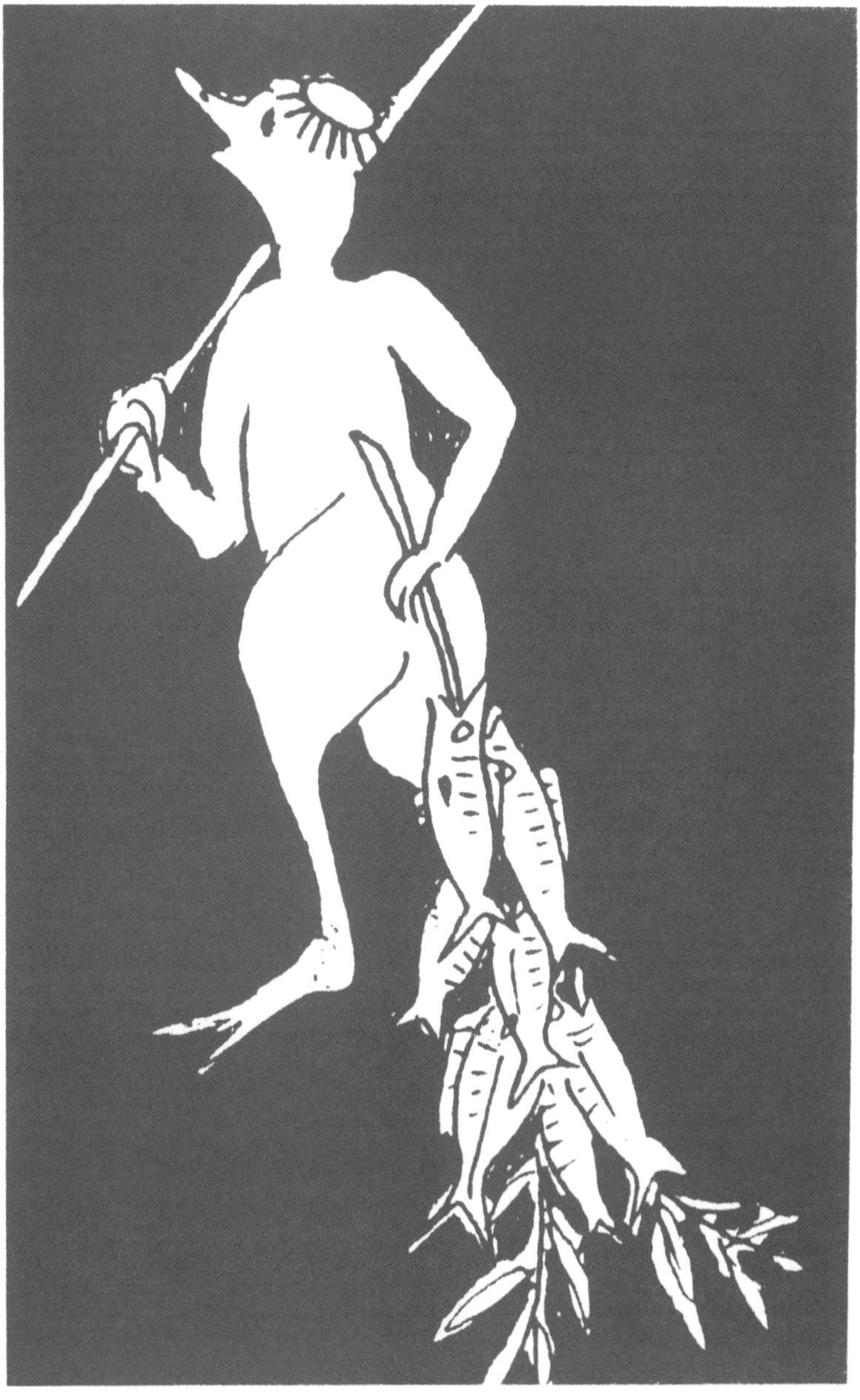

曲《めぐ》り淵《ぶち》水神《すいじん》
――チヨの物語――

◆チヨの祈願

この年も木の葉に色がついて、いつもより早い秋のおとずれとなりました。猟の好きな勘助《かんすけ》ですが、近頃はどうも猟がきかなくて元気がありません。何《い》時《つ》もなら、もう猪《いのしし》の二頭や三頭は軽く射《い》とめていましたのに、今年はさっぱりで、猟に出かけては見たものの、素手《すで》でしょんぼりとして帰る日が多くなりました。

勘助は、獲物《えもの》のないときには、妻のチヨに辛《つら》くあたる日が多く、そんな時

に限って、

「お前がはらんで《[孕む＝妊娠している]》おるから、猟がきかんのじゃ。」

チヨは、そのたびに身を切られるほどの悲しい思いをしました。でも獲物《えもの》がなくて気のぬけたような勘助の姿を見るに忍《しの》びないチヨは、

「そんなにがっかりせんでも良いじゃろ。何時かきっととれるよ。」

と、心やさしく勘助をなぐさめていました。

ある日のこと、チヨはふと何かを思い立って、家から川上へ五丁《ごちょう》ほど離れた所にある「曲《めぐ》り淵《ぶち》」にでかけました。そこは、昔から水神様《すいじんさま》の淵と噂《うわさ》された深い淵で、誰《だれ》言うとなく「曲り淵」と言っておりました。淵の両岸には大木が茂って、川の上まで枝がさしこんでいて昼間も暗いほどです。淵の色は青黒く、ややまるく曲《めぐ》った形の、見るからにぞおっとするような気色《きしょく》の悪い淵でした。

チヨは曲り淵の淵尻《ふちじり》にある岩の上に立って、淵にむかって祈りをはじめました。

「水神様、勘助の猟がきき《[「ききめ」がある]》ますようにお願い申します。来年の彼岸《ひがん》の頃ま

で私の命をおあずけいたしますので、どうぞこの願いをおききとどけくださいませ。」

チヨは、いっしんに曲り淵水神に祈って願《がん》をかけて、三日間ここに通いつづけました。

◆豊猟《ほうりょう》によろこぶ

この日から数えてちょうど七日目でした。その日はとても良い天気で、少々《しょうしょう》寒ささえ感ずるほどの朝でした。勘助は、猟の身支度《みじたく》をととのえて横《よこ》座《ざ》にすわって朝飯を食っておりました。勘助がじろごし《「いろり越し」》に庭を見ましたところ、庭のはしの木のかげから黒い物が動いたのに気がつきました。「はっ」と思った勘助が、ゆれる木の下を見ますと、なんとそれは子牛ほどの大猪《おおいのしし》でした。

勘助は、どじ《「土地＝土間」》に立て掛けておいた鉄砲を取って、火をつけて猪を撃ちました。チヨはびっくりしましたが、手をたたいて慶《よろこ》びました。勘助は、射止《いと》めた猪をかついでどじに入ってきて、飯の残りを食いはじめました。

「大猪だぞ」。勘助は鉄砲をとって、猪をうちました。

ところがまた、庭のはしの方からもう一頭の猪《いのしし》が飛び出しました。勘助は、

「チヨ、鉄砲。鉄砲。」

と茶碗をおきながら、手をチヨの方に伸ばしました。チヨが鉄砲の火縄《ひなわ》の火を吹《ふ》いて、勘助にわたしますと、勘助は猪をためて《「ねらいを定めて」》射止めたのです。よろこんだ勘助は、どじに猪をかつぎこんで、

「これは、えれえこっちゃ、飯じゃ。」

と言って、横座にずり上がって飯の残りに茶をひっかけて、

やっと一杯食い終わりました。

そのときチヨが、

「勘《かん》どん、またまた」

と、庭を指差して鉄砲を勘助にわたしました。

勘助は、横座に座ったまま、一朝《ひとあさ》に三頭の猪を射止めたことになります。

このできごとに、勘助夫婦は驚き喜びました。家の中から、それも横座に座ったまま猪を三頭もとったのですから、チヨは小踊りしてよろこんだのです。こんなことは、今までにはなかったことでしたので、勘助もおおよろこびでした。

それからというものは、この冬は勘助の猟は利《き》きっぱなしで、毎日、猪・鹿・ニク《[かもしか]》をかついで帰りました。おかげで勘助一家は、不自由な中にも豊かな暮らしができました。

◆チヨの死

やがて春の彼岸がやって来《き》ました。チヨは満願《まんがん》のお礼に、願をかけたあの

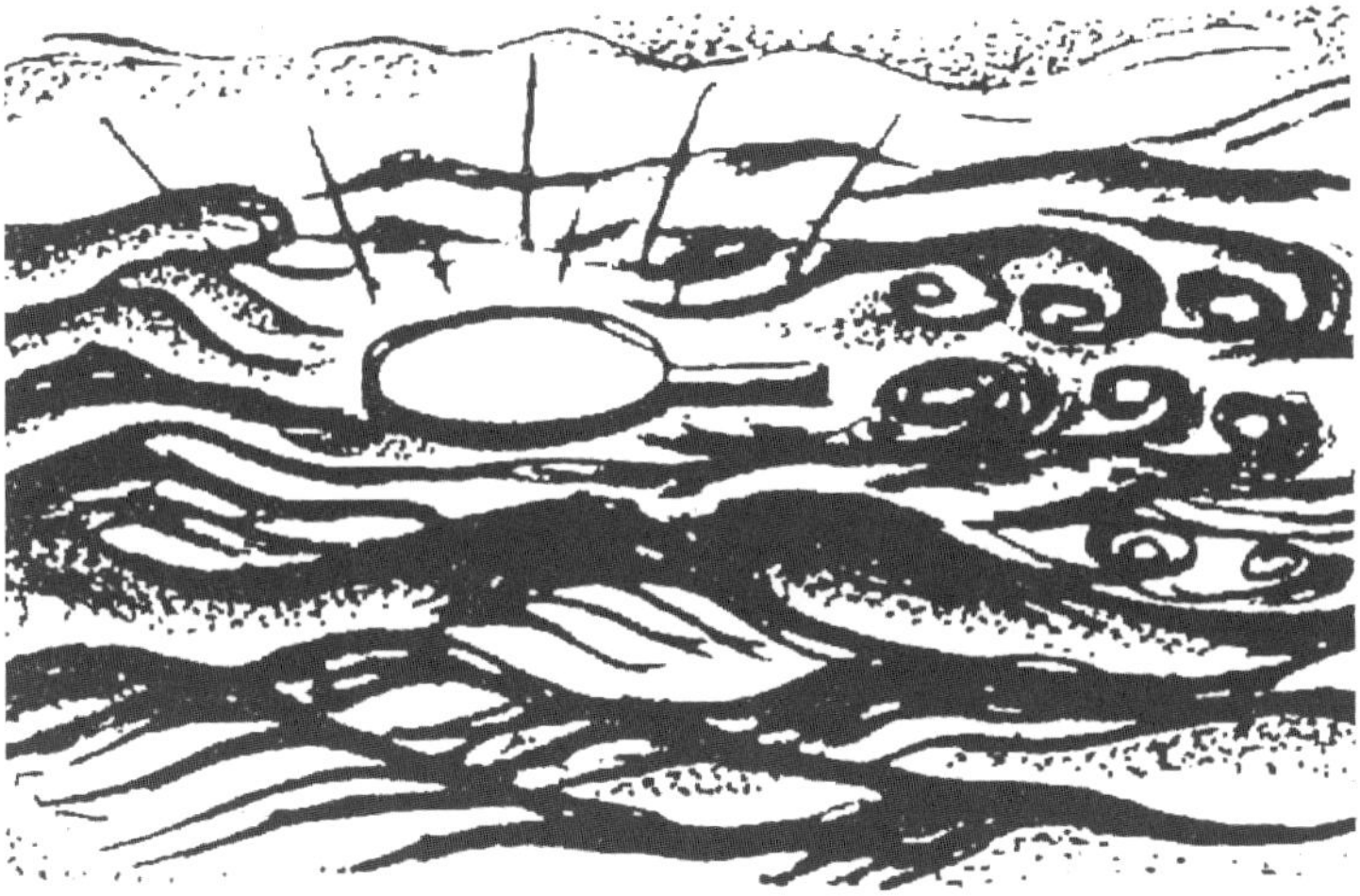

チヨは「アッ」と声をあげて水面を見ました。
鏡は水面を浮いたまま走っているではないか。

曲《めぐ》り淵《ぶち》の岩の上に立っていました。チヨは、懐《ふところ》から静かに手鏡《てかがみ》を取《と》り出《だ》して、

「水神様《すいじんさま》、ありがとうございました。お礼に私の命を差し上げることにしていましたが、今身ごもっておりますので、しばらくの間、命を持たして下さいませ。その身《み》がわりに、私の大事な鏡を差し上げます。」

と言って、手鏡を淵の真ん中めがけて投げたのです。

鏡は淵の中ほどに飛んで行って、水面に落ちました。ところがどうしたことか、鏡はキラキ

ラと光りながら水に浮かんで、水面をはしっていくではありませんか。

ふしぎふしぎ、鏡は浮いたままピカピカ光《ひか》りながら、大きく淵の上をぐるぐる回《まわ》って、一回、二回、そして三回とあの長い曲《めぐ》り淵《ぶち》をまわって、ちょうど三回まわり終わったところで、淵の一番深い所に来た時に、パッと水中に消えていったのです。

その光景《こうけい》にみとれていたチヨは、ぼうぜんとしてしばらく水面を見つめていました。

チヨはやっと我《われ》にかえり、重い足を引きずりながら家路につきました。チヨは体の力がいっぺんにぬけてしまったようでした。

深瀬川《ふかせがわ》の一本橋《いっぽんばし》をわたって坂道を登って、ようやく我が家にたどりついたチヨが、今一歩で木戸口《きどぐち》をはいろうとしたときに、ぱったりとその場にたおれそのまま息が絶《た》えてしまったのです。

勘助は驚いてかなしみました。猟の好きな勘助のために、命懸《が》けで願をかけ、勘助のよろこぶ様を見ることで満足していたチヨのことを思い出して、勘助のなげきは一《ひと》とおりではありませんでした。

勘助は、チヨの霊をねんごろに弔《とむら》って、曲り淵のほとりに小さいほこらを建て、ここに水神様《すいじんさま》を祭って百日間参り続けました。勘助は、それからというものは、好きな酒もぱったりとやめて、もう二度と狩にはでかけなかったといいます。

勘助は、チヨの父忠宗《ただむね》について神道を学んで、一生、曲《めぐ》り淵水神《ぶちすいじん》の神主《かんぬし》となって、チヨの霊を弔《とむら》ったということです。

と、もうすカッチン

――貞淑《ていしゅく》な「チヨ」の物語《ものがたり》は、このようにして語《かた》り継《つ》がれて来ました。幼少《ようしょう》の頃《ころ》、祖母《そぼ》は暇《ひま》あるごとにこの話《はなし》をしてくれたものでした。ぶきみな「曲《めぐ》り淵《ぶち》」は、今ではようやく水がよどむ程《ほど》の淵《ふち》で、川底《かわぞこ》は上《あ》がって川岸《かわぎし》は荒《あ》れはてて、この物語《ものがたり》にあるようなさまはもう見られなくなっています。

がっぱの昼よこい

むかしむかし、村所《むらしょ》に徳次どんという、じいさんがおりました。

じいさんの右手の指は、人差し指と中指の二本がありませんでした。

ある日のことでした、徳次じいさんは、家建ての仕事の加勢《かせい》に来ていました。徳次じいさんが仕事をしているのをふしぎそうに見ていた少年が、徳次じいさんにききました。

「じいさん、そん手はなんしたとな。」

じいさんは、少年の方をむいて、

「こん手か。こらあ、がっぱがくいちぎったとじゃ。」

「ああん、なんて？　なんしてがっぱがかんちいた《［かみついた］》とな。」

「かんちいたとよう。見てみよ二つともねえじゃろが。」

徳次じいさんは、少年に指が切れている手を見せながら、語ってきかせはじめました。

それは、じいさんがわけえころのことでした。米良の川には魚がぎょうさんいて、それに大きい魚が名物《めいぶつ》じゃったというのです。

そのころ木をはつる《［削る］》仕事ばっかりしとった徳次じいさんは、川ん魚ばとってきて焼酎《しょうちゅう》んさかなにして食うのが、何よりもたのしみじゃったのでした。

ある日、川ん水もへって、アイのいお《［魚］》がふとくなって、あっちこっちでアイかけや、魚突《つ》きが始まって、魚とりの自慢《じまん》ばなしが始《はじ》まったころでした。

じいさんはいてても立ってもたまらなくなって、魚突きにでかけました。

じいさんがめあてにしていたとこ《［ところ］》は、鶴村の丸淵《まるぶち》という、だれもすみた《［潜りた］》がらん《［がらない］》深い淵《ふち》でした。それはふちの形が丸くて広く、どんぶりばちを据《す》えたように、川ん底《そこ》も丸くて深いふちでした。そのふちは、どすぐろい気味《きみ》の悪い色をしておりました。むかしからそこには川ん主がおるといって、このふちにすんで魚を取る人はおらんといわれたほどの、ふかいふちでした。

若いころの徳次じいさんは、この村では川すみ［川潜り］のたっしゃな人の一人で、どんなところでもすんで魚を取っていました。それだからじいさんがすんだところは、大きな魚はおらんようになると言っておりました。

徳次じいさんは水中眼鏡《すいちゅうめがね》をかけて、かなつき［魚を突く道具］を持ってふちにもぐっていきました。あんまり深いので川ん底《そこ》がはっきり見えません。じいさんは水がドボドボと落ててくる大きな岩のところに、もぐっていきました。

ふちの底の方にもぐっていくにつれて、だんだん水が冷《つめ》たくなってきました。それでもじいさんは、もぐっていきました。じいさんが取りたい魚は、大きなマダラでした。米良の川には、大人の腕の太さのマダラがたくさんいたからです。

じいさんは、大岩の入口にすみつきました。じいさんは、岩のはしに手をかけて岩のなかをのぞいて見ました。岩のなかは、まだ目がなれないので、

チカゴラ
ミズマデ
ンモネナッタ
ワイ

はっきり物が見られません。そのうちにやっと目がなれてきて、岩のなかの様子《ようす》がわかるようになりました。

じいさんは、息《いき》が苦しくてたまりませんでしたが、こらえながら岩のなかをのぞきこみました。すると、岩の奥で何か知らん動いた物がありました。それは魚じゃなかったのです。やっとのことで、周《まわ》りがはっきり見えはじめました。

そこで動いていたのは、なんとガッパだったのです。

じいさんは、ひったまがりました。じいさんはあんまりびっくりしたので、息《いき》がくるしくなってきました。じいさんは、まいっぺん息を吸うために浮《う》き上がりました。息を吸い込んだじいさんは、岩のところまですんでいきました。岩の奥《おく》をのぞいて見たら、そこにおったのは、やっぱりガッパでした。

じいさんは、びんた〔頭〕をそーっと岩の中まで入れて見ますと、ガッパがおくの方で、あぐらをかいてすわっていたのです。しかも驚《おどろ》いたことには、ガッパが煙草《たばこ》を吸《す》っておったのだそうです。ガッパは、きせるに煙草をつめてそれを吸《す》いながら、じーっとじいさんの方を見ているじゃありませんか。

そしてガッパがこう言うたそうです。

「じいさんや、いっときじーっとしとってよくわせて《休ませて》くりゃらんどかい。

そりかり『ドカーン』ばっかりゃせじぇー《しないで》てくりやらんどかいな。」

そりい聞いて、じいさんはまたびっくりぎょうてん。あぶね《あぶなく》水をひんのむとこばやっとこらえて、ガッパんつらをみとりました。

「ガッパんやつ、おじいばっかりのもんじゃたんしとったとに、どういうもぞらしい《かわいい》もんか。」

とじいさんは、ガッパんつらを見つめていました。

そのうちにじいさんは息がきつくなったので、ガッパに「マエ、《さよなら》マエ」して手をふって、水の上に浮き上がりました。

じいさんは、少年にこんな話をしてきかせました。

じーっと、じいさんの話を聞いていた少年は、じいさんのつらをのぞきこんで、

「うーん、ガッパがほんとにおったとな。」

「そうじゃ、ガッパじゃったど。そしてたばこば吸うとったが、水ん中でね。」

「ガッパも、たばこばふく《［を吸う］》とじゃろかいなあ。」

「うん、そうじゃもんね、あんどんもたまにゃよこわん《［休まないと］》ときちいっちゃろ。ガッパは目ばパチパチして、そらあもぞらしいつらつき《［顔つき］》をしとったわい。ガッパちゅうておじいもんじゃたんしとったっちゃが、そうじゃねど。」

この話にはまだつづきがあります。

それからじいさんは、丸ぶちん魚はけっして取りませんでした。

でも魚とりが好きなじいさんは、ある日ダイナマイトでアイを取る手伝いをすることになりました。

じいさんは、ダイナマイトをいびる《［使う］》のはよだきゅうしてたまらざったが、ようことわりきらずにダイナマイト投げにいきました。じいさんは、上手に火をつけて投げました。ところが三ぱつめに、ダイナマイトがまだんうち破《は》裂《れつ》して、とうとう指をふきちぎられたのです。じいさんは、

「ガッパが言うたごと、ドカーンだけはしてくるんなちて言うたっちゃが、そりゆきかざったもんじゃから《「それを聞かなかったものだから」》こげなったとじゃ。そってこん指ゃガッパにかまれたようなもんじゃ。」

じいさんは、手を少年の前につきだして残った指をいごかして見せました。

「そおかあ、おじいなあ。」

「じゃから、こげんこたするもんじゃねど。」

じいさんは、ガッパが魚ばとりおったことや茶をのんどるとこを見たはなしをしてきかせました。

「ありゃね、水神《すいじん》さまど。水神さまは鉄は好《す》かんから、川んこら《「川原」》や水んなかに鉄をばうっちょくとわりいから、ちゃんと持ってもどれよ。」

と、言って少年のあたまをなでてくれました。

と、もうす、かっちん

田《た》掘《ほ》りじいどんとがっぱ

縄瀬《のうぜ》の奥《おく》に、田掘《たほ》りにやとわれて毎日新しく田を掘っている人がおりました。この人を、誰言《だれい》うとなく「田ほりじいどん」と、呼ぶようになりました。

五月のある日、田ほりじいどんは茶を摘《つ》みにでかけました。米良山の茶はかおりも良く、だしも良いので、町の人々にも米良茶と言ってよろこばれていました。それでどんなに忙しくても、茶だけはちゃんと摘《つ》んでいました。

今日は朝から天気が良いので、田ほりじいどんは鼻歌《はなうた》まじりで一所懸命《いっしょけんめい》に茶をつんでいました。ところが田ほりじいどんの背中に、何かがひょいとかるわれ《背負われ》ました。

「ひやーっ、こらっ、なんばすっとか。だりか、わりゃ。」

といって、肩《かた》につかまっている手を取りさね《取るやいなや》前の方にひんなげました。何とそんやつはガッパでした。

「キキーツ、ギギーツ」

なげとばされたガッパは、二間ぐらい先にゴロゴロころがりました。

「こんげどされ《悪がき》が、はよ、あっちさねはっていかんか。」

と田ほりじいどんは、ガッパをがっとばしました。

ガッパは、ぴょんぴょんとにげて行きました。

ところがそのうちに、田ほりじいどんの両足がいごかん《動かなく》ごとなりました。見ればガッパが二匹、田ほりじいどんの足を、一ぽうずつひっつかまえていました。

「また来たか。こんげどすけが、なんばすっとか。」

と田ほりじいどんは、ガッパをひとつずつひっつかまえて、前ん方にほたり投《な》げました。ガッパは「ギギーッ、ギャーッ」とおらびながらつうでいきました。

「どもならんわい、こんわろどま。」

田ほりじいどんは、また茶をつみはじめました。そして茶をカマゲ《［かまけ…ワラの袋］》に入れようとしたら別のガッパわろが、そん中で昼寝《ひるね》しかやっ《［していた］》とっとじゃが、

「うな。またこげんとけひゃりくう《［入り込んでいる］》どるが。」

田ほりじいどんは、カマゲの中からガッパをひこずりだして、なげ飛ばしました。

ところが今度は別のガッパが茶の木の陰《かげ》からのびあがりさね、田ほりじいどんにとびかかってきました。ひったまがった田ほりじいどんは、

「まだ、そけおったとか。」

と、ガッパをひっつかまえさね投《な》げとばしました。そうしたところが今度は、前にも後ろにも横からもガッパが出てきてとびかかりました。不意《ふい》をつかれた田ほりじいどんは、息も止まらんばかりにひったまがりました。田ほりじいどんはガッパをひっつかまえてはなげ、ひっつかまえては

ギャー　ギャー
こらっ　こんわろどま　なにゅすっとか　ウーナ　すけが

なげて大騒動《おおそうどう》でした。

「こんわるどま、どもならん。」

田ほりじいどんは、ガッパを手当《てあ》たりしだいにひっつかまえて、かたっぱしからなげとばしました。

ところがどっこい、ガッパは、なんべんもなんべんもとびかかってきます。

田ほりじいどんは、かなわんごとなって家の中に逃《に》げ込《こ》みました。

その晩《ばん》から田ほりじいどんは、熱を出してうんうんうなりはじめました。どうにもこうにもならんので、人を頼んで馬田医者どんば連《つ》れて来てもらいました。

馬田医者どんは、

「ひんだれたっちゃろわい、いっときじっとしとれ。」

と言って、帰ってしまいました。二日ばかり寝とった田ほりじいどんも、どうにか熱も下がって元気になりました。

それにこりこりした田ほりじいどんは、仕事にうったつときは、

「水神さん、山の神様、あんべらしゅう《しっかりと》仕事をさせてくりゃりもうせ。」

と、ことわりを言うて仕事を始めたちゅうことじゃ。

と、もうす、かっちん

水は大切・水神まつり
山を守り育てる私等
山を育て木を育て
水をいただき、
　ありがたい
山神様・水神様
いつも良い水を
　おさずけください
カリコボウさまよ
　よろしくね

馬乗りがっぱ

◆

昔の米良道は、川ぞいに曲《ま》がりくねっていて凸凹《でこぼこ》のせまい道でした。その道を毎日馬や人がたくさん通っていました。ながしが上がると、馬引きどん［馬を引いて荷物を運ぶ人たち］たちは毎日馬を引いて仕事に出かけました。

ながしというのは、梅雨《つゆ》のことです。米良山では、大水が出て人が川に入らなければながしは上がらんもんじゃと言っとりました。それでどこの家でも、ながしのうちにゃ川に行くとガッパに尻《しり》ばとらるるど、と言われたもんでした。

やっとのことでながしが上がって、これから馬引きどんたちの仕事が始まります。竹原の正夫どんは、朝早《はよ》から馬に炭をうせて《［乗］》横谷向けてうったちま《［出発し］》した。昼の間は馬引きづれも多《おお》して、たいくつもせんで語ったり歌うたりして、昼ごろにゃ横谷にいきちい《［着］》たもんです。

横谷からもどるときは、時々荷物《にもつ》があっときがありました。そのときは、荷物をとどけてもどらにゃならんので、どうかすると暗《くら》なることもありました。

この日は、米良の上げ荷のくじがあたって、村所の三久保の金元さんとこまで持っていくもんがあって、もどりがおそくなってしまいました。

正夫どんは、ひんだれた足をひっぱって、馬を引いて夜道を帰りました。宮瀬を通って、大王の向かえ辺《へん》に来たとき、馬んやつが、奇妙《きみょう》な声で、

「グルグル、ヒュンヒュン」

と、こそばいような《［くすぐったそうな］》声でひっきりなしに鳴《な》きはじめました。

「こーら、どげしたとか。」

と正夫どんは、馬も腹《はら》がへったっちゃろたんして《[思って]》道をいぞ《[急]》きました。それでも馬は、まだこそばいそうに、声を出しています。正夫どんは馬をふりかえって見ました。

ところが、馬の上に何かが乗っています。正夫どんは、なんも乗っとるはずはねえとじゃが、と思って馬んくらの横に来て見ました。

「わりゃ、なにゅ鳴くかい。」

いやいやたいへん。見ればガッパが乗ってかやぁとる《[乗っかっている]》じゃねかい。ガッパわろが、飛び乗ってくれたもんじゃから勝手がちごうて、正夫どんにガッパが乗っとるど、としらせたもんです。

正夫どんはひったまがりました。どげしてこげなったもんかしらんわい。見ればガッパは、知らんふりゅして上ん方ば見てええきしょく《[気色]》して乗ってかやぁとらる。正夫どんは、だんだんおずなってきました。そっでも馬ば、うして《[捨てて]》てもどるこたでけんし、ガッパがなんかしやせんかたんして《[思って]》、そんまま馬んくらの横で見らんふりゅしておりました。

正夫どんは、何とかしてガッパんわろがどっかいたてくるる《[どこかに行ってしまう]》ごと大王様《だいおうさま》

にたのみました。正夫どんは、がたがたふるえながら馬んくつわんとこまで来ました。ヒューンと馬はまだ鳴いています。ヒューン、ヒ

やがて馬が、田の元にさしかかったときでした。今まで鳴いとった馬が、ピタッとなきやみました。そして馬のあしどりが軽《かる》くなってきて、元気良く歩きだしました。

はっ、と気がついた正夫どんは馬の方をふりむきました。びっくりもしたした、いんまさきまで乗っとったガッパが、どこさね向けていかいたもんか、影《かげ》も形もありもさんでした。

正夫どんは、またおかしなこともあるもんじゃと思うたときにゃ、だんだんおずなって《[怖くなって]》おずなってきました。そして、びんたん毛が逆立《さかだ》ちしてびんたがガンガンとうなりはじめました。

正夫どんは、馬を引きながら急《いそ》ぎました。

そういえば、いつんこっちゃったろかい、八幡とどろから蛇《じゃ》ぶち、そして大王んふちあたりに、水神のあっちこっちあすばる《[遊]》っちゅうことば、おやじから聞いたことがあるが、今夜《こんや》んたそうじゃったっちゃろわい。

となりの正見どんたちが、見らいたっちゃげな《[見ておられたそうだ]》が、吐《は》け合《あ》いん砂《ずな》ごらじゃ、ガッパどんたちが飲《の》み食《く》いせらっとばよ。なんちゅうても世の中にゃ、ふにおちん珍《めずら》しいこともあるもんじゃわい。と正夫どんは、いつじゃったか聞いたおぼえのある話を、思い出しながらもどっていきました。

それから、ガッパちゅうもんな、何にもわりいことばするもんじゃねえと、正夫どんは思ったそうです。

と、もうす、かっちん

アラ
えっさっ
さあ

がっぱのすもう

暑い暑い日でした、川では魚つりが盛んで毎日のようにアイをかける人がおりました。米良川のアイは大きくて、たくさんおりました。

ある日のことでした、魚釣《つ》りの上手な吉三《きちぞう》どんは久しぶりに、朝からアイかけに出かけました。この日は天気も良かったので、たくさんの人がアイをかけていました。

吉三どんも、この日は大漁《たいりょう》で何時《いつ》もよりもたくさんのアイをかけました。

気がついた時には、向かえの川岸は日がかげっていました。そして、さっきまでいた向かえん岸でアイかけしとった人は帰ったのでしょう、もうそこにはおりませんでした。

「ええしこ《[いっぱい]》取った、もうもどろお。」

一人ごとを言って吉三どんは、魚をまとめてもどる用意をしました。

「きゅう《[今日]》は、いつもよりも、ぎょうさん取れたわい。」

吉三どんは、つりざおをかついで川んこら《[川原]》を川下に歩きだしました。吉三どんは登り道のところにやって来ました。吉三どんがひょいと川下んなかごら《[なかす(中川原)]》を見ますと、なんかがちらっと動いたのに気がつきました。吉三どんは、立ちどまって、まいっぺんたしかめました。

そこでは子どもが二人で、すもうをとっているじゃないですか。子どもは「はっけいよい、はっけいよい」とばかりにそこら一面《いちめん》にあばれまわっています。

おやっとおもった吉三どんは、魚かごをおろして、

「あんどま、まだあすど《[遊]》るが、はよもどらんと暗《くろ》うなるが、ぼくじゃが。」

とつぶやきながら、釣《つ》りざおをおいて川下の方にかわんこら［川原］を子どもたちの方に、歩きだしました。二人の子どもたちは、ひっくりかえってはまた起き上がり、水ん中におてくうでは［落ちては＝入っては］はい上がりして、そのかっこうがまたおかしゅうして、吉三どんは吹き出してしまいました。

ところがそのときです、もう一人の別の子どもが川の中からはい上がって来ました。吉三どんは、

「おやっ」と思い、よく見ればびんたに皿《さら》があるじゃないですか。さあ、びっくりです。

「がっぱじゃ」と気がついた吉三どんは、足がすくんでしまいました。びんた［頭］の毛はじゃーんと逆立《さかだ》ちして、びんたははがま［羽釜］をかぶせられたようになって「ガンガン」と、うなりはじめました。吉三が見たものは、ガッパが川んこらに上がってすもうをとって遊んでおるところでした。

そうと知った吉三どんはまっさおになって、魚かごをひっつかむなり後ろもふりむかずに走りだしました。あわてまくって走りもどった吉三どんは、家ん中に飛び込むなり座《すわ》り込《こ》みました。

「どげんしゃんしたな。」

と、よめじょのコマが、どま《〔土間〕》にとびくうできました。吉三は、どきどきする胸《むね》をなでながら、

「おら、じっしょ《〔きっと〕》どっかの子どむじゃったんしとったとじゃが、ゆう《〔よく〕》見たらなあ、そりがわりゃガッパじゃったが。ひったまがったのなんのいうて、そらあ足も地だに着かざったどお。おらやっとのことでもどったとどお。」

と、身ぶり手ぶり話しはじめました。それが「ガッパ」とわかったときは、腰《こし》もひんぬかさんばかりにひったまがり、こげんおじこたあなかったと語りました。

米良川では、どうかするとこのようにガッパどむが、川んこらで遊《あそ》んでいるのがよく見られたと言います。

吉三どんは、後で村ん集まりん時にゃ、ひゃい《〔しょっちゅう〕》と語りおらいたちゅう話が残っております。

と、もうす、かっちん

夏の川原は　おっどんが　天下
　水あびり　いをとりぞうさねもんじゃ
どうかすっと　がきどむがきさね　そど
　きっちいて　ゆっくり昼よけもならん
あっどんがもどっとばまっとって
　おっどんも　やっとあすばるっとじゃが
どうかすっと　あっどま　かなけんもんば
うっちょくもんじゃから　それにゃ
　ゆうとんだるるわい。

先生もう一人いたよ

◆

板谷川《いたやがわ》では夏休みともなれば、近くの子どもたちがいっしょになって、きまったところで水浴《みずあ》びをしておりました。板谷川は米良川の支流で、細《ほそ》い谷川でしたが、所々にちょっとした淵《ふち》があって、昔は魚もたくさんいました。

この小さな川の上流に、下板谷という小さな集落《しゅうらく》がありました。

夏休みのある日のことでした。その日は朝から晴れ上がっていて、川遊びにもってこいのええ日でした。いつものように仲の良い子ども四人連れは、昼飯《ひるめし》がすんだらこおどりして川にいきました。

真夏《まなつ》でも山の奥の谷川のことですから、川の水は冷《つめ》たいのですぐに体が冷《ひ》えてしまいます。子どもたちは、寒くなれば川原の大きな岩の上にべったりひっついて、背中を干《ほ》してあたたまりました。こんなことばなんべんかくりかえしておるうちに、時間がたつのも忘れていました。

遊び足りない子どもたちは、体がぬくもったのでまた水の中に入りました。ところが、どこから来たのか、もう一人の子どもがまじって、水遊びをしていました。でも四人のともだちは、どっかの子どもが遊びに来たとばっかしに思うて、気にもかけずに夢中《むちゅう》になって泳ぎました。そうするうちに子どもたちは寒くなったので、

「おーい、もうあがろや。」

と、年上《としうえ》ん子が、みんなに呼びかけました。どっから来たかわからん子もそのときまでは川ん中におったのですが、川んこらに上がって着物《きも》んのとけ来た時にゃ、おりませんでした。

「あらー、あん子は。」

と、つれの一人の子が川を見ながら言いました。

そこにはだれも、おりませんでした。そのへんをみまわしても、だりもおりません。

四《よ》ったりの子どもたちゃ、なんかキツネにつままれたとじゃねかな、と思いはじめました。

「ほんとしゃか、あん子はどこさね、いたとじゃろかい《「行ったもんだろうか」》。」

「いんまさきまで、おったとじゃが。」

子どもたちは「おーい、おーい」と、川原をのんぼりくんだりとさがしはじめました。

「よおーい、どけおっとかーい。」

あの子どもは、どこにもおりませんでした。

「気味《きみ》が悪うなったど、はよもどろや。」

年上の子が、みんなをさそってもどりじたくを始《はじ》めました。みんなはどうしても腑《ふ》におちん［納得できない］顔して帰っていきました。

明け日は学校でした。早く来た子が先生がこられたのを見つけて、きのうの川であったことを話しました。先生は、

「ああん、そらどうしたこっちゃ。おまいどま、もうそこじゃ水あびんなよ。そらガッパじゃど。」

その日は、このことが学校中にひろがってしまいました。みんなが帰るとき校長先生が、昨日のできごとをみんなにお話しなさって、

「川にいくときゃ、四、五人でいきなさい。帰る時は、ちゃんと人数《にんずう》をたしかめてから帰りなさい。」

このはなしが、そのうちに村中《むらじゅう》に広がりました。子どもたちが見たのは、ガッパじゃったもんじゃ、と。昔からここん川にゃ、ガッパがおるちゅうこ

っちゃったが。時どきはだかんぼうを見たちゅう人が、何人もでてきはじめました。

「あん子どんが見たた、じっしょ《［きっと］》ガッパじゃもんね。こっからさきゃ子ども一人で川にゃやりゃならんど、ぼくじゃ《［大変だ］》が。」

秋になってから、こげん事《こと》があったと、一人の男ん人が語りました。

「去年のことじゃったが、おりがうけ《［筌…魚をとる道具］》をどっかん子があげておったもんな。人数も四、五人ばかしじゃった。そりがゆう見たらガッパじゃったが。」

そん話ゆ聞かいたら、となりにすわっとらいたばばどんが、

「おりがえん《［家の］》芋《いも》こじり《［芋の皮はぎ］》から、芋ば持っていかいたが、そらおとどしん盆明《ぼんあ》けんころじゃったが。はだかんぼうがなあ、前かごうで《［前かがみで］》芋をかかえて川から登って行くとば見たが、あんしも食《く》いもんがなかったっちゃろわい。」

ガッパの話はつぎつぎと出て、にぎやかな人々の集まりでした。

と、もうす、かっちん

ヨッコイショ
こら　だいぶん
ひゃっとるもんね
こないだんとよりも
おみいごたっど

蜜蜂《みつばち》そうどう

米良山は、木や草の花が春から秋にかけてどっさり咲いていました。それで家では、蜜《みつ》ばちを木のうと[凹み(穴)]で養《やし》のうておらいたもんです。毎年盆《ぼん》まえになると、蜜ばちを養っておる家では、かぎって[必ず]蜜とりがありおりました。蜂にさされんように、腰から上はすっぱだかで、巣がある蜂のうとをひっくりかやして蜜蜂ん巣《す》をとりおらいたもんです。自然の蜜は、昔から薬になるちゅうて、びんに入れて一年中なおして[保管しておいた]おかいたもんでしたの

で、どの家にもだいじにあかめとかいた《［しまっておいた］》もんでした。

蜜のうまいことを知っとるのは、人ばっかりじゃのうして、アカバチヤクマバチどももうとにたかって蜂をばくいころしとりました。

それでも、蜜をすっぱり残らずおっとってしまうこたなかったのです。

ところが八月のある日のことでした。谷ばたにある作治郎《さくじろう》どんかたの蜂うとが、ひっくりかやされて蜜がすっぱりのうなっておりました。

昼前じゃったろ、作治郎どんが蜂《はち》うとば見にいかいたところが、うとがひっくりかやされて、巣がみんなひっちぎってなげちらきゃあてありました。

ひったまがった作治郎どんは、あわてまくって家につうで《［飛んで］》もどりました。

そして作治郎どんは、

「よおい、だりかおらんかい。はよ来て見よ。」

「どげしやりもしたとな。」

と作治郎のうちかたが、おわで《［山手］》からでてきました。

「おまや知らんかい、蜂んうとばひっくりかやあたた。」

「んにゃ、知りもさんが。そらどげしやりもしたとな。」

「そりがわからんとじゃが。どしてん、よべのことじゃろたんしとっとじゃが、中みがぼうど《［全部］》ひんねごとなってしもとっとじゃが。」

「いかなこて、だりがそらしたもんじゃっつろかい。」

二人は、語りようとってもだちあかん《［らちがあかない］》もんじゃから、蜂うとのところまで登っていたて《［行って］》見ました。あんじゅん《［案の定＝思ったとおり］》のこと、うとがひっくりかやって蜜はすっぱりとってしもうて、かすがそこへんになげちらかしてありました。

「こりゅ見てみよ。こら人間のしわざじゃろかいね。」

作治郎は、ひっくりかやっとるうとを指さして言いました。

「こら本当にどうしたもんじゃろかい。こげんこた嫁《よめ》じょに来てからはじめてんことじゃが。」

「こらどしてん。ガッパどんじゃねか知らんど、おりが五つばかしじゃったが、じいどんの村んしゅうたちと語らいたことがあったことば覚《おぼ》えとるもんね。」

「そら、やっぱりガッパどんじゃろかいな。」

あれこれ話しとると、上ん熊市《くまいち》どんがひょこっとやってございた。

ことしゃ
ぎょうさん
ひゃっとるわい

「何ごつな。上ん道ゅ通りおったらおまいどんの声が聞こえたもんじゃから、下って来たとじゃが。」
「おい、また何処《どこ》さね行くとこな。こりゅ見てくりやり。蜜もことしゃあぎょうさんあったごたっとじゃが。」
「ん、ひとつっつもねえごと、しぼってしもとるが。ほんにガッパんしわざじゃろかもしれんわい。おが《「俺の家の」》えんじいどんも、昔こげなことがあったちゅうとらいたが、そりもこげあったもんじゃろ。」
「おみがそげ言うとこ見れば、

やっぱりこら、ガッパどんじゃわいね。」

作治郎は、熊市の話ゅ聞いて、やっぱり蜜はガッパどんに取られたっちゃわいと思い、おしゅしてたまらざったが、あきらめました。

「ガッパどんならしよがねえ。別《べつ》んとば見るこてしよう。」

熊市どんは、まだガッパどんの話をしっとって、語って聞かせました。

「話ゃ別じゃがな、おりが家《え》んさこんたろ《［左近太郎］》もガッパどんに、昔持っていかれたちゅうて語りおらいたとば聞いたったが、そりくそ《［それこそ］》谷ばたじゃったもんじゃから、ちょこっと持ってはっていかいたもんじゃが。」

「そげんこともあったとな。時にゃおっどんが考えつきもせんことが、やっぱあるもんじゃな。」

作治郎どん夫婦は、熊市どんとわかれて家にもどりました。

　　と、もうす、かっちん

猫ならぬがっぱ

◆

昔の横谷《よこたに》までの米良街道は今はもう通れそうにない道ですが、その道は明治から昭和のはじめごろまで、人や馬がにぎやかに通った道です。

大正のなかごろ、村所に黒木繁市《しげいち》どんと中武修治《しゅうじ》どんという若者がおりました。この二人は、馬《うま》引《ひ》きともだちで、子どものころからのわんぱく仲間《なかま》でもありました。二人は、時どき横谷まで馬を引いて仕事にでかけることがありました。

ある日、繁市どんと修治どんは特別に用事を頼まれて、湯前《ゆのまえ》まで使《つか》いに行くことになりました。二人は、いつもであれば馬を引いて出かけるのですが、その日は二人とも球磨郡《くまぐん》の仕事でしたので、馬はつれずに行きました。湯前での用事が長びいて、湯前をうったつ［出発する］時間がとうとうおそなってしまいました。二人はやっとのことで仕事ばすませて、横谷に登《のぼ》り着《つ》いたときは、もう夜になってからのことでした。

山かげの米良道を、元気な二人は語りながら歩きつづけました。もう夜中にちかいのでしょう、どの家も起きとるとこはありません。横平《よこひら》を通って、やがて高橋滝《だき》の近くまでやって来ました。ここでは深瀬の貞五郎どんが、がっぱをくびらいた［くくられた］とこで、二人はなんだかいやな気がしました。ちょうちんを前につきだしながら、高橋滝のところにさしかかりました。二人は、滝のしぶきをかぶって、高橋淵の上までやってきました。繁市どんは、なかなかの元気もんでおずさ［怖さ］しらずの若者でした。

「修治よい、待っとれ。おりが先いくわい。」

と言いさね、繁市どんは、修治どんの前を歩きだしました。いよいよ二人

は、淵の上にやって来ました。繁市どんは、

「たしかここんとこじゃろ。貞五郎どんががっぱをひっくびらいたとこは」

とおもいながら、曲《まが》り角《かど》の石の上を見ました。すると、そこになにかがいます。人なら三つ、四つばかりのはだかんぼうが、こっちに背《せ》を向けてすわっているではありませんか。

繁市どんはちょうちんを前につきだして見ました。さあたいへん、がっぱがそこにいたのです。繁市どんは、たちまち血の気がさーっと引いて、びん《[頭]》たん毛が逆立《さかだ》ちしました。繁市どんのびんたは、ガーンガーン鳴《な》りはじめだしました。

でもそれはほんの一ときでした。繁市どんは、村所八幡神社の社人《しゃにん》でした。静かに護身神法《ごしんしんぷ》をとなえましたら、だんだん落ち着いてきました。繁市どんは、とんちのあるひょうきんものでしたので、「よしきた、いっちょ修治をばひんもどくらかせ《[大いにからかう]》」とばかり、

「よい、修治よ、はよきてこりゅ見らんかい。猫《ねこ》がおるど。」

なるほど、がっぱのくびすじから背中《せなか》にかけて、うす毛のようなものが生

えていて、びんたの皿《さら》だけが黒く見えました。修治どんは、何も知らんまま
とことこと繁市どんの横に出てきました。修治どんは、
「猫がか、どけおんな。」
繁市どんの前を、すかしてじーっと見とりました。繁市どんがつき出した
ちょうちんの明かりで見えたのは、猫じゃなかったのです。

「わりゃ、なんちゅうことば言うとか。馬鹿《ばか》がこりが猫じゃもんかい。」
修治どんは、びっくりぎょうてん、繁市どんをこさぎのけて、かけだしました。そのもの音に気がついたガッパは、キキー、キキーッ、キリキリキリーッと、奇声《きせい》をあげて高橋淵《ぶち》に飛び込みました。
これには繁市どんもびっくりぎょ

うてん、修治どんのあとをいちもくさんにおいかけました。

足のはやい繁市どんでしたが、猫寺《ねこでら》んしたはらで、やっとのことで修治どんにおいつきました。

「ああ、おずかったど。」

と繁市どんが、修治どんにいいますと、

「げどわろが、おりゅ《［俺を］》ひったまがらしゅたんして、こんばかつくたんが《［いたずら者が］》。」

繁市どんは、人ばだまくらかそうたんしとったら、ガッパにおらばれて、おりが方がくそえれえ目におおたっちゃ《［思う］》もね、と思いながら、

「ガッパちゅうことがわかったかい、おりもあげんた《［あんなのは］》初めて見たとど。」

二人は、朝方《あさがた》にやっとのことでもどりつきました。

それからというものは、高橋淵の上はガッパが待ちうけとって、人が通ればかっと《［次から次に］》しいたずらをするげなといって、晩になってそこを通る人がいなくなったげなちゅう話がのこっとります。

と、もうす、かっちん

じっくり谷の目一つごろ

◆

村所小学校から、宮の瀬にくだっていた古い道がありました。この道は、竹原や上米良から村所小学校へかよう通学の道でした。その道の途中《とちゅう》に、じめじめした迫《さこ》がありました。

それでここの迫のことを、たれ言うとなく「じっくり谷」と言い伝えておりました。

昭和四年ごろだったでしょうか、小学校では秋の運動会の練習が始まっていました。彼岸《ひがん》もすぎて、柿やら梨《なし》が色付《いろづ》いてぼつぼつ稲刈《いねか》りが始まりだすころでした。

そのころの運動会は、連合運動会といって西米良じゅうの小学校が村所小学校に集まって運動会をしていました。ですから、学校間の競走《きょうそう》がさかんで、選手にえらばれた人たちは、毎日おそくまで残って走りがちのけいこをしたものです。

そんなある日のことでした。その日もおそくまで残っていた竹原の人たちが学校を出たのは、もう夕方近くになっていました。四、五人づれの女の生徒の一団は、しゃべりながら寄宿舎《きしゅくしゃ》の前から八幡様のまえを通って竹原道にはいっていきました。

じっくり谷は、真昼《まひる》でも薄暗《うすぐら》いところですので、夕方になればもっと暗《くら》がりになっています。生徒たちは、しゃべりながらじっくり谷にさしかかっていました。すると、前を歩いていた生徒が、

「あらっ、ありば見やり。あらなんな。」

「どら、どけなんな。」

「あすけ、何かおっど。」

その話を聞いて、他の生徒がどやどやと集まってきました。

「あらあら、こめえ子がおるがあ。木の根元《ねもと》んとけおるじゃねな。」

「本当《ほんとう》、目が一つしかねえど。目一つごろじゃが。」

「ほんとじゃ。目一つごろじゃ。」

さあ大変です、みんなはあおくなりました。急《いそ》いで引《ひ》き返《かえ》して、学校へ行きましたが誰もおりません。そこで寄宿舎《きしゅくしゃ》の先生に話しましたところ、

「そら、ぼくじゃ［大変だ］。何じゃろかい。」

寄宿舎の生徒も、かけつけていきました。ところがそこには、なんにも見つかりませんでした。先生は、

「ここはいっとき通らんで、鶴村から帰りなさい。」

竹原の人たちは、八幡様の石段をおりて急いでかえりました。帰り道でも、八幡とどろの上やじっくり谷のしたはらを通る時の気色《きしょく》の悪いこと、そこをいちもくさんに走って通って行きました。

昔から、八幡とどろには水神が住《す》んでおると言っておりました。御手洗淵《みたらいぶち》

水神《すいじん》と言って、時どき八幡様のある尾根を登ったり下ったりして、かりこぼうずの通ることがあったのじゃあと、言い伝えがありました。じっくり谷はその尾根道のすぐそばで、尾根からくだれば、じっくり谷はすぐそこです。

それからは、じっくり谷には目一つごろがおるといって、竹原や上米良から来る人たちはじっくり谷を通らなくなりました。

それから間もなくたって、学校に用があって来た竹原の人が、じっくり谷でまた目一つごろをば見たというのです。生徒たちが目一つごろを見たというわさがたったときには、そらうそじゃがと言った人たちも、今度はやっぱりほんとじゃったもんじゃと言って、村じゅうで大評判になりました。それからは、そこを通る生徒たちは、明るいうちにいっしょになって帰るようになりました。

じっくり谷の、目一つごろという話があった時代は、もうかれこれ六十年も前近くになってしまいました。

と、もうす、かっちん

こげぎょうさん もろても えっちゃろかい
ええこっちゃー わりゃ　ここは ぶげんしゃど ちっとどま よかろじゃねか

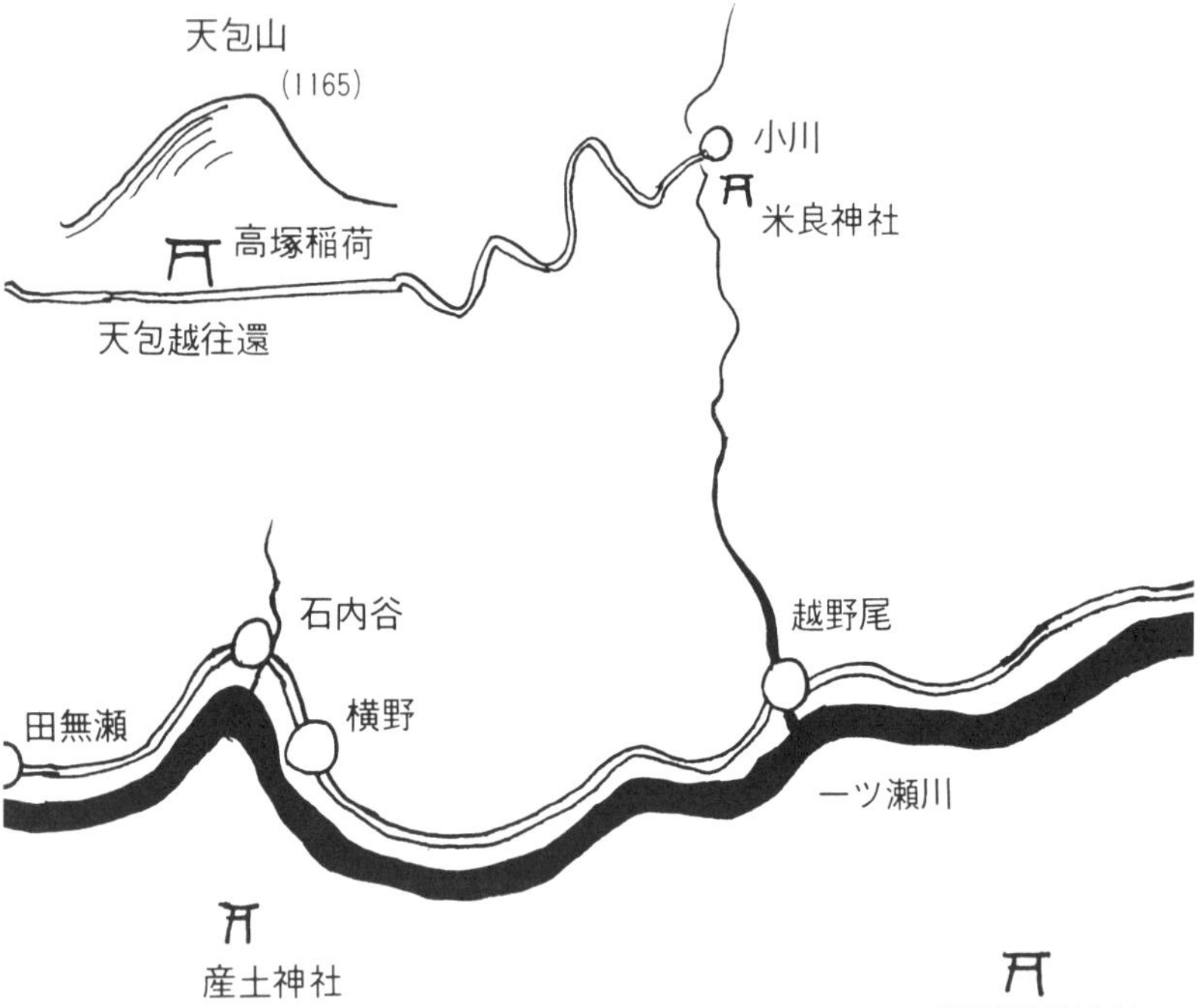

かりこぼう名勝地

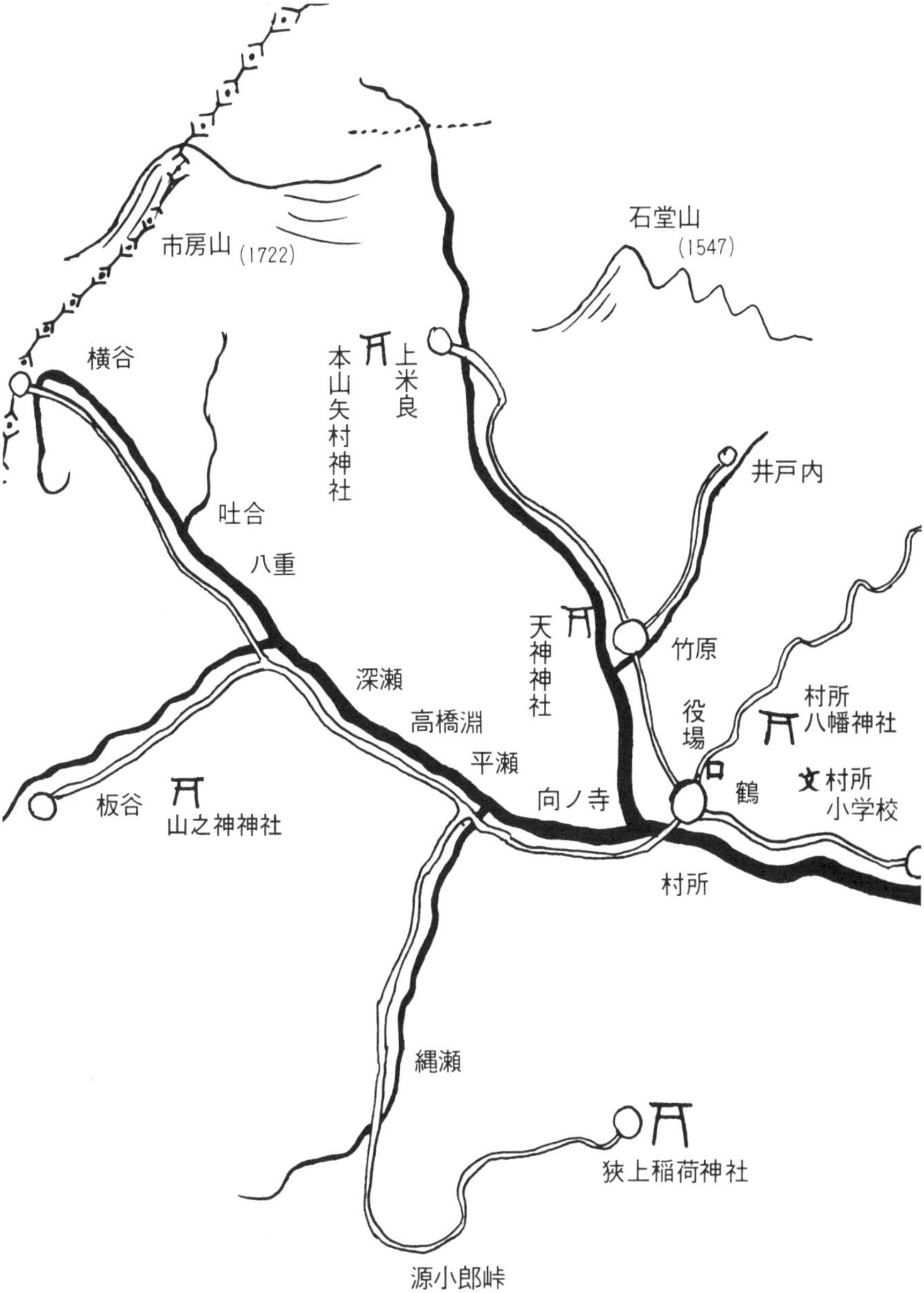

市房山
(1722)
石堂山
(1547)
横谷
上米良
本山矢村神社
吐合
八重
井戸内
天神神社
竹原
深瀬
高橋淵
村所
八幡神社
役場
平瀬
向ノ寺
鶴
村所
小学校
板谷
山之神神社
村所
縄瀬
狭上稲荷神社
源小郎峠

方言録

あかめる――しまう。
あげ――あんなに。
あしなか――足の半分ほどの草履《ぞうり》。
あとがやる――あとにかえる。
あんし――あの人。
あんじゅ――あんじゅんこと……。あんのじょう（案の定）。思ったとおり。
あんべらしゅう――うまい具合に。しっかりと。
いお――魚。
いかなこて――なんとして。
いっくゆっ――壊れる。
いっちょう――ちょいと。
いっぺこっぺ――あっちこっち。
いで――井手。いせき。田の用水をせきとめてあるところ。

いびる――あつかう。手でいじくる。
芋こじり――芋の皮はぎ。
うけ――筌。魚をとる道具。
うちあう――出合う。
うちかた――内方（家内）。奥さん。
うったつ――出発する。〈動詞〉
うっちょく――ほっておく。おいてけぼりにする。〈動詞〉
うと――木のうつろ。木の穴。
ええしこ――よいほど。いっぱい。
ええふ――良いふう。
えくらう――酔うこと（酔っぱらう）。
えくれぼう――よっぱらい。
えれえ――大変な。
えろう――大変に。たいそう。
おずい――おじい。おそろしい。怖い。
おてくう――落ちる。
おみ――貴方（御身）。
おらぶ――大声を出す。叫ぶ。

おり——俺。
おろだよ——「おらぶ」の過去形。
おわで——山手。
がえ——〇〇の所。〇〇の家。
かぎって——必ず。
かたん——であろうか。と思う。
かっとし——次から次に。片っぱしから。
かなつき——魚を突く道具。
かまつち——粘土。
からくる——用意する。物を運び易いように準備する。
かるう——背負う。
かわんこら——川原。
かんつく——噛みつく。
ぎょうさん——たくさん。
くそ——こそ。
くびる——くくる。
げどされ——悪ん坊。悪がき。

こげん——このように。
こさぎ——掻く。(こさぐ)
こっどま——これたち。
こづむ——積む。
ことらしゅ——まじめそうな、物わかりの良さそうな。
こなされらいた——いじめられていた。
こまざらい——いろりの灰かき。
こんにゃ——今夜。
さこんたろう——左近太郎。谷水の流れを利用した米つき装置の一種。
ざっといかん——簡単にはいかない。通常否定形で用いる。
さめ——〇〇してすぐ。
じいっと——静かに。一時動作を静止するさま。
下はら——下手《しもて》。下の方。
じっしょ——きっと。
霜ぐり——霜柱。

じろ――いろり（地炉）。
しんきな――はがゆい。じれったい。
すっぱり――きっぱり。
ずなごら――砂原（砂の川原）。
ずりくうで――ずり込んで。
せせろしい――うるさい。
せらる――しなさる。
ぞうず――雑水。炊事の時に出る雑水。
ぞうたん――じょうだん（冗談）。
田小屋――たんぼの小屋。
だしやまし――木材を伐採して出す人。
だちあかん――らちがあかない。
だっどん――誰たち。
たんご――桶《おけ》。
たんしとる――と思っている。
だんだん――おおきん。ありがとう。
ちくさぼう――岩に穴をあける鉄の棒。
ちょので――一緒に。
つうで――とんで（飛んで）。

つくなる――頭をかかえて、座り込む。
つぶる――からげる。
つら――面（顔）。
テゴ――竹やかずらで編んだ籠。
デラ――たいら（平）。
とうじんぼし――唐人干し。めざし。
どけ？――どこへ？
どじ――土地・土間。
とどろ――川の音がドロンドロンと響く場所。
とのがす――坂をずり落とす。
とんと――遂に。とうとう。
なおす――しまう。収める。片付ける。
ならし――練習。
なんさま――何といっても。
なんぶなんでも――いくら何でも。無理な要求の時に用いる。
はって――はっていった…。いってしまった…。

はつる――削る。
ニク――カモシカ。
ひだりい――ひもじい。
ひったまがった――おどろいた。
ひのとぎ――火の伽。いろりにて燃やす大木。
ひゃいと――しょっちゅう。常に。しげく。
ひゃりくうどる――入り込んでいる。
ひん――強調の接頭語。
びんた――頭。
ふうたん――ほっぺた。
ふく――吹く。喫う。
ふりかぶり――ほおかぶり。
へこたるる――へこたれる。つかれる。まいってしまうさま。
ぼうど――どれもこれも。全部。
ぼくじゃが――ぼくじゃ…大変だ。大変なことだ。

ほりどん――祝子たち。
ほんとしゃか――ほんとじが。ほんとのことだ。
まえまえ――さようなら。
まくる――まるめる。
まちっと――もう少し。
めしもそう――召し申す（さし上げる）。
めっけん――ひたい（額）。
めんめ――自分（面面）。
もぞらしい――かわいい。
もどくらかす――からかうの強調。
もへ――もう。
やぼ――焼畑の地ごしらえ。藪。
ゆう――よく。
よこう――休憩する。〈動詞〉
夜づき――夜突き。夜に魚を突くこと。
よべ（よんべ）――昨夜。
わんかけ――石をくだき、椀に入れて選り分ける。

あとがき

かりこぼう、かりこぼうず、やまんたろう、せこにしても私たちにとっては、子どものころからなじみの深い「夜話」の主人公でした。山深い米良山では、山で生活を送る人たちにとって山を守り、山を生かし、山を育てそして一族のはんえいを願い続けてきたのでありました。

かっぱ、がっぱ、がわたろう、ひょうすんぼうにしても人が生きていくためには何よりも大切な「水」に住む神様でもあるのです。山では山の太郎、河（川）では河の太郎といって大事に呼んできたのは、敬《うやま》いと感謝《かんしゃ》そして大自然に順応《じゅんのう》してきた山の人々の知恵《ちえ》でもあったのです。

かりこぼうは、山で仕事をする人にとっては、事故《じこ》をまえもって教えてくれる助けの神のようなもので、自然のおきてから生活を守り、資源《しげん》を育《そだ》てて万物《ばんぶつ》が共に栄えていくように、きづかせてくれる山の精であったのかもしれません。

がっぱは、万物を育て生かす水の精《せい》であるのかもしれません。かりこぼうにしても、がっぱにしても人々の心の中に宿りながら、長い時をこえて時には人々の目にふれたり、音となって注意をうながしたりしてくれました。

秋からあくる年の春まで、かりこぼうは山をさるき（歩き）ます。尾根（おばねとも言う）から尾根へと道を取ります。また時には、迫《さこ》を越えてむかえの尾根にはね上がるなど、身のこなしにはびっくりするということです。米良の猟師《りょうし》たちは、かりこぼう（せこ）はウジ（動物が通る道）を通ると言って、ウジにはシシワナをかけぬようにしておりました。

不思議《ふしぎ》な山の話、目で見る山の精、水の精、人の願いを聞き分けてもらえる山神、水神これからも山の人々の暮《く》らしの中にいつまでも生きていってほしいと思っています。

著　者

［著者略歴］

中武　雅周（なかたけ まさちか）

宮崎県立青年学校教員養成所卒業
県内青年学校　県内中学校教諭
宮崎県教育委員会指導主事
日南市立細田中学校校長
都城市立五十市中学校校長
西米良村立西米良中学校校長を歴任
昭和55年3月退職する

［現住所］

宮崎県児湯郡西米良村大字村所 298

［著　書］

『チョウの飼育と観察』、『昆虫の採集と観察』、『米良の自然』（昭和59）、『ふるさとの記米良の荘』、『菊池氏を中心とせる米良史』（昭和56）、『伝承米良神楽』（昭和58）、『峠秘境横谷』（昭和61）、『米良郷土史かるた』、『米良風土記①夜話かりこぼう』（平成13）、『米良風土記②おらがとのさま』、『米良風土記③ともうすかっちん』（平成3）、『米良風土記④燃えんでも火の伽』（平成4）、『米良風土記⑤ほしかぶと』（平成12）、『米良風土記⑥御神楽』（平成12）、『米良風土記⑦ともうすかっちん』（平成12）、『米良風土記⑧燃えよ火の伽』（平成14）

みやざき文庫 123

夜話 かりこぼう 米良風土記 1

2017年5月15日 初版印刷
2017年5月26日 初版発行

著　者　中武 雅周

発行者　川口 敦己

発行所　鉱脈社
宮崎市田代町263番地　郵便番号880-8551
電話0985-25-1758

印　刷
製　本　有限会社 鉱脈社
